집값 높여도 잘 팔리는

부동산
인테리어

삼성물산 출신의
인테리어 전문가
가 알려 주는

집값 **높여도** 잘 **팔리는**

부동산
인테리어
개정판

남경엽 지음

아라크네

인테리어 전성시대가 온다

사람들은 멋진 옷(衣)을 입고 맛있는 음식을 먹(食)으면서 안락한 주(住)거 생활을 하고자 하는 기본적인 욕구가 있다. 이를 의식주衣食住라고 하는데, 인간 생활에 있어서 어느 것 하나 중요하지 않은 게 없다.

그중에서 주거는 의복, 음식과는 조금 다르다. 옷은 유행이 바뀌거나 사이즈가 맞지 않으면 입지 않고, 음식은 맛이 없으면 먹지 않으면 되지만, 주거는 쉽게 외면하거나 포기할 수 있는 게 아니다. 가격도 비싸고 덩치도 크기 때문이다. 그래서 집이 싫증나거나 트렌드에 맞지 않는다고 해서 매번 부수고 새로 짓는 게 아니라 주거 공간에 새로운 활력을 불어넣어 재사용하는 것이다. 이를 '인테리어'라고 한다.

우리나라도 본격적인 저성장, 저금리 시대에 접어들면서 은퇴를 앞둔 베이비붐 세대들이 낮은 은행이자보다 안정적인 월세 수입을 가지기 위해 너도나도 수익형 부동산에 뛰어들고 있다. 그런데 만약 이런 부동산들이 같은 입지에 연식도 비슷하다면 임차인들은 과연 어떤 상품을 선택하겠는가? 그건 두말할 것도 없이 인테리어가 잘된 곳이다.

"보기 좋은 떡이 먹기에도 좋다"는 말이 있듯이 같은 가격이라면 당연히 예쁘게 꾸며진 곳이 먼저다. 아니 오히려 비용을 좀 더 지불하더라도 인테리어가 잘된 곳을 선호한다. 어차피 직접 인테리어를 해도 비용은 발생하는데, 번거로움을 덜어 주었기 때문이다.

그래서 부동산 투자자라면 반드시 인테리어에 관심을 가져야 하고 제대로 알아야 한다. 비단 부동산 투자자가 아니라도 향후 인테리어 공사를 계획하고 있는 사람 또한 마찬가지다. 그래야만 업자들에게 바가지를 쓰지 않는다.

무작정 돈을 많이 들인다고 인테리어를 잘하는 것은 아니다. 콘셉트와 전체적인 컬러 밸런스가 조화롭고, 적은 비용에도 효과를 높일 수 있는 인테리어가 굿 인테리어인 것이다.

필자는 몇 년 전부터 '어떻게 하면 일반인들이 인테리어에 쉽게 접근할 수 있게 대중화시킬 수 있을까?' 고민했다. 그리고 화려한 인테리어 사진만 나열된 알맹이가 없는 책이 아닌, 이제까지 한 번도 시도되지 않았던 제대로 된 실전 인테리어 책을 만들고 싶었다. 그래서 이 책 『집값 높여도 잘 팔리는 부동산 인테리어』가 탄생한 것이다.

이 책에는 아파트 모델하우스를 통해 공간을 디자인하는 법, 공사비를 적게 들이면서도 퀄리티는 더 높은 인테리어 공사를 하는 법, 그리고 혼자서도 할 수 있는 셀프 인테리어 노하우가 들어 있다. 또한 필자가 직접 진행했던 '막퍼줘 프로젝트'의 실제 사례를 소개함으로써 가성비 높은 인테리어를 자신의 집에 적용해 볼 수 있도록 했다.

그런데 시간이 흘러 인테리어 트렌드와 시장 상황이 많이 변했다. 초판 집필 당시 제시했던 2018년의 공사비와 자재비는 현재와 큰 차이를 보인다. 이번 개정판에서는 이러한 변화에 발맞춰 당시 제시했던 금액들을 2025년 현재 시장에서 실제로 적용되고 있는 단가로 전면 수정했다. 또한, 요즘 인테리어 시장에서 인기 있는 최신 트렌드와 다양한 사례를 추가로 반영하여 독자들이 더 실용적으로 활용할 수 있도록 했다.

모쪼록 이 책이 인테리어를 계획하고 있는 많은 분에게 진심으로 도움 되고 사랑받는 인테리어 실전 투자서가 되길 희망한다.

끝으로 항상 따뜻한 격려와 아낌없는 조언을 해 주는 가족들에게 감사의 마음을 전하고 싶다.

2025년 1월
남경엽

| 차 례 |

PART
1

인테리어, 잘만 하면
신축주택 부럽지 않다

PART
2

아파트 모델하우스를
주목하라

PART
3

임대수익률 쭉쭉 올려 주는
임대용 인테리어 비법

PART 4

돈 되는 인테리어,
혼자서도 할 수 있다

PART 5

부동산 인테리어
실전 사례

PART **1**

인테리어,
잘만 하면 신축주택
부럽지 않다

인테리어란 무엇인가

인테리어에는 골조, 마감, 홈퍼니싱이 있다.

먼저 골조란 집의 형태(구조)를 만드는 것이다. 즉 주택 내부의 바닥에 난방 배관을 하고, 기포 방통을 치거나 단열재를 취부하고, 벽체와 천장을 만들고, 전기·설비의 배관 배선 작업 등을 하는 것을 뜻한다. 노출되지는 않지만 가장 중요한 기초공사에 해당한다. 단, 인테리어 골조는 건축 골조와는 다르다. 건축 골조는 집 자체의 뼈대를 만드는 것으로 콘크리트나 철골로 조성된 바닥, 벽, 천장을 가리킨다.

• 인테리어 골조 •

이어 마감이란 골조에 마감 자재를 입히는 것으로 바닥에 마루나 타일을 깔고, 벽과 천장에 도배·도장을 하거나 주방 가구 및 신발장을 설치하는 것 등을 말한다. 일반적으로 이 단계만을 인테리어라고 생각하는 사람이 많다.

· 인테리어 마감 ·

마지막으로 홈퍼니싱Home Furnishing이란 마감이 끝난 뒤 별도의 공사 없이 생활 가구(소파, 침대, 책장, 테이블 등), 소품, 조명, 패브릭, 커튼 등으로 공간을 꾸미고 치장하는 것을 말한다. 인테리어의 화룡점정 단계라고 할 수 있다.

아무리 마감이 깨끗하게 잘되어 있는 집이라도 홈퍼니싱을 거치지 않으면 썰렁해 보일 수 있기 때문에 인테리어를 완성하기 위해서는 이 단계까지 고려해서 진행하는 것이 좋다.

집값 높여도 잘 팔리는 부동산 인테리어

• 인테리어(골조, 마감, 홈퍼니싱) 공사를 통해 완성된 공간 •

이와 같이 인테리어는 골조, 마감, 홈퍼니싱 3가지로 구성되는데, 이 중 골조와 마감 공사까지를 (홈)리모델링이라고 하고, 마감과 홈퍼니싱을 묶어서 (홈)스타일링이라고 표현한다. 다시 말하면 리모델링과 스타일링은 골조, 마감, 홈 퍼니싱보다 상위 개념인 것이다.

• 인테리어 영역 •

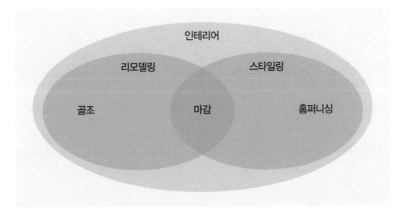

이렇게 분류하고 나면 인테리어의 여러 분야 중 본인이 원하고 관심 있어 하는 분야를 명확하게 알 수 있게 된다. 특히 요즈음은 적은 비용을 들여 소품이나 생활 가구로 아기자기하게 집을 꾸미려는 홈퍼니싱족이 늘어나고 있는데, 이런 부류의 사람들이 경험이나 노하우가 쌓이다 보면 (홈)스타일링 단계로 올라서게 되고 더 나아가 인테리어를 총괄하는 디렉터로 활동 범위를 넓혀 갈 수 있다.

인테리어만 잘해도 월세 더 받을 수 있다

2014년 8월 필자는 인천 미추홀구에 있는 다세대 주택 하나를 경매로 낙찰받았다. 인근에 지하철역이 있고, 작은 공원과 나름의 편의 시설도 잘 갖춰진 곳이라 월세를 받을 목적이었다. 당시 그 지역 시세는 보증금 500만 원에 월세 20만 원 정도였다.

하지만 낙찰의 기쁨도 잠시, 잔금을 치른 후 현장을 방문했을 때 깜짝 놀라지 않을 수 없었다. 집 상태가 너무 엉망이었기 때문이다. 경매는 물건을 싸게 매입할 수 있다는 장점이 있는 반면 집 내부를 쉽게 볼 수 없다는 단점도 있다. 왜냐하면 거주자가 찾아오는 사람들에게 일일이 문을 열어 주고 내부를 보여 줘야 하는 의무는 없기 때문이다. 특히나 명도 대상이 소유자라면 더더욱 그렇다. 집도 경매로 넘어가서 심란한데 사람들이 기웃기웃하는 걸 좋아할 리 없다.

하지만 그럼에도 불구하고 다세대 주택은 더더욱 입찰 전 집 내부를 확인하는 게 중요하다. 왜냐하면 아파트에 비해 창호나 단열 성능이 좋지 못하고, 누수로 인해 하자 보수할 곳이 많을 수 있기 때문이다.

이 물건도 그런 이유로 입찰 전 몇 번이고 집 내부를 확인하기 위해 찾아갔으나 번번이 부재중이었다. 하루는 작정하고 늦은 밤에 찾아갔지만 아무리 초인종을 누르고 불러도 대답이 없었다. 창문 사이로 불빛은 보이는데 일부러 없는 척하는 것이었다. 만약 그때 입찰을 포기했더라면……

부동산 투자를 하는 사람들은 가끔 '금사빠'에 빠진다. 부동산 시장에서 자주 쓰는 금사빠란 '금방 사랑에 빠지는 물건'이라는 말인데, 나에게는 이 물건이 그런 것이었다. 그래서 결국 입찰을 했고 낙찰을 받았다.

낙찰 후 그렇게 애를 태웠던 거주자를 만나기 위해 현장을 재방문했지만, 그는 이미 이사를 가고 없었다. 문제는 당시 내부 상태였는데, 천장과 벽에는 온통 새카맣게 곰팡이가 덮여 있었고 장판은 어디서 물이 새는지 알 수 없을 정도로 축축했다. 또 화장실은 여기를 어떻게 사용했나 싶을 정도로 엉망이었다. 순간 '아뿔싸 잘못 낙찰받았구나' 하는 생각이 들었지만, 걱정만 하고 있을 수는 없었다. 빨리 사람 살 집으로 만들어야 했다. 어차피 인테리어 공사 비용으로 500만 원을 책정해 둔 상태였기 때문에, 이 안에서 최대한 가성비 좋게 공사를 하면 될 일이었다.

우선 곰팡이 문제를 해결해야 했다. 다행히 누수로 인한 문제는 아니라서 천장과 벽의 도배지를 모두 뜯어내고 곰팡이 제거제를 뿌린 후 단열벽지로 재시공했다. 바닥은 계속된 습기로 인해 축축하게 젖어 있었던 터라 장판 제거 후 열풍기를 틀어 물기를 완전 건조시켰다. 거기에 습기 방지액을 바른 뒤 다시 장판을 깔았다. 화장실도 천장부터 도기, 수전, 액세서리까지 모두 철거하고 올수리했다. 그리고 포인트로 아기자기한 소품 몇 개와 현관에 실내화를 비치하고 거실 쪽에는 팝아트 액자를 연출용으로 걸어 두었다.

한마디로 완전 새 집으로 환골탈태시킨 것이다. 그랬더니 공사 완료 후 정확하게 이틀 만에 신혼부부에게서 연락이 왔고, 보증금 1,000만 원에 월세 45만 원으로 계약했다. 기존 시세보다 보증금은 2배, 월세는 25만 원을 더 받게 된 것이다.

이 집은 2년 동안 꼬박꼬박 45만 원씩 월세를 잘 받았고, 계약 만기인 2016년에 기존 세입자였던 신혼부부에게 좋은 가격으로 매도했다.

인천 남동구에 있는 빌라의 경우에도 9,500만 원에 낙찰받아서 500만 원으로 인테리어 공사를 한 후 1억 2,000만 원에 되팔았다. 단기간에 세전 2,000만 원을 번 셈이다. 당시 시세가 1억 500만 원 정도였는데, 필자가 500만 원 들였던 인테리어를 매수자는 1,500만 원 정도는 들겠다 싶었던 것이다.

서울 송파구에 매입했던 신축 중인 다세대 주택에서도 이와 유사한 경우가 있었다. 평면 구조는 좋았으나 마감재가 별로였던 주택이었는데, 건축주에게 필자의 신분을 밝히고 공사 도중에 마감재 및 가구 디자인을 모두 변경했다.

주방 가구의 경우 초기에는 상·하부장 모두 그레이 컬러였고, 인조대리석 상판은 블랙 컬러, 미드웨이Midway(주방 벽) 타일은 짙은 브라운 컬러였는데, 통일성이라고는 조금도 찾아볼 수 없었다. 그래서 하부장은 그레이 컬러로 그대로 두되, 상부장은 밝은 화이트, 인조대리석 상판은 아이보리 컬러로 변경하고, 미드웨이 타일도 상판석과 매치시켜 화이트 톤으로 마감했다.

거실의 경우 우중충한 컬러에 패턴이 많이 들어가 있던 벽지를 화이트 톤의 무지 벽지와 비앙코 계열의 밝은 타일로 마감함으로써

공간의 컬러 밸런스를 살려 주고 심플하면서도 고급스럽게 변화시켰
다. 덕분에 3억 2,000만 원이던 주변 전세가보다 3,000만 원을 더 올
려 3억 5,000만 원에 신혼부부와 임차 계약을 해 실제 투자금이 거
의 들지 않았다.

· 송파구 다세대 주택의 인테리어 후 모습 ·

집값 높여도 잘 팔리는 부동산 인테리어

노후 주택,
신축이냐 리모델링이냐

서울에 있는 주택을 리모델링한 사례가 있었다. 지층과 지상 4층 규모로, 지어진 지 30년이 넘은 다가구 주택이었다. 재개발이 될 때까지 기다리자니 기약이 없고, 신축을 하자니 비용이 많이 들 처지에 있었다.

· 지층과 지상 4층으로 구성된 30년이 넘은 다가구 주택 내·외부 ·

하지만 무엇보다 신축공사를 망설였던 이유는 바로 건축법 때문이었다. 아무 생각 없이 무턱대고 기존 건물부터 허물고 나면 달라진 건축법으로 인해 난감해질 때가 많다. 해당 주택 역시 지어질 당시에는 주차장이 없어도 허가가 났지만, 지금은 법정 주차 공간을 만들어야 한다. 그렇게 되면 지하에 임차하고 있는 3집과 1층 3집이 없어져야 해서 엄청나게 손해를 볼 수밖에 없었다.

또 주택 밀집 지역일 경우 건물 외벽을 내화구조체로 지어야 할 수도 있다. 이때 공사비는 적게는 수백, 많게는 수천만 원 이상 올라간다. 그렇게 되면 당초 예상했던 수익 구조가 깨지는 것이다. 물론 건물을 신축해서 그 정도의 갭을 뛰어넘을 만큼 양도 차액이 보장된다면 고민할 필요가 없지만 미래의 일을 우리가 어찌 감히 예상하겠는가?

반면 리모델링은 이런 리스크가 적다. 지금의 건축법을 따를 의무 없이 기존 건물을 온전히 활용할 수 있다. 또한 용도 변경을 통해 1층에 상가를 입점시킬 수 있다면 월세 수입뿐만 아니라 건물의 가치 또한 높일 수 있어 두 마리 토끼를 모두 잡을 수가 있다. 그렇기 때문에 신축이냐 리모델링이냐는 상황에 따라 판단하는 게 좋다.

리모델링 공사를 진행할 때는 변경 후의 모습을 미리 시뮬레이션 해 보면 좋다. 특히 디자인할 때는 천연석과 같은 비싼 마감재를 써

· 다가구 주택 외부 계획안 ·

집값 높여도 잘 팔리는 부동산 인테리어

야만 멋진 외관이 나오는 것은 아니라는 사실을 알아야 한다. 가격은 저렴하지만 포인트가 될 수 있는 금속 패널과 도장만으로도 충분히 멋지고 세련되게 연출할 수 있다.

건물 내부는 필요에 따라 벽을 없애거나 새로 만들 수도 있는데, 그럴 경우에는 구조 설계사의 도움을 받아 제대로 된 구조 검토 후 공사를 진행해야 한다. 또 오래된 주택일수록 욕실의 상태가 좋지 않은데, 이럴 때는 욕실 전체를 철거하고 배관도 이동시켜 올 리모델링 공사를 하는 것이 사용하기에 좋다.

마감은 심플하면서도 공간이 넓어 보일 수 있도록 밝은 마감재를 선택하면 좋고, 자녀 방이나 안방에 붙박이장을 계획하면 보다 효과적인 수납이 가능하다.

그리고 무엇보다 중요한 것은 가성비를 높이고 시공이 용이하도록 하는 것이다. 공사 기간이 길어지면 길어질수록 관리비가 올라가기 때문에 최대한 공사 기간을 단축시킬 수 있도록 노력해야 한다.

또 되도록 지방보다는 수도권의 입지가 좋은 곳에서 하는 리모델링 공사가 수익이 높다. 왜냐하면 지역에 따라 공사비는 크게 차이 나지 않지만, 입지에 따른 땅값의 시세 차액은 커지기 때문이다. 그래서 리모델링 투자는 서울에 가까워질수록 수익률이 높아진다.

해당 주택도 공사 완료 후 기존 가격 대비 공사비의 두 배가 넘는 시세 차익이 발생했다. 간단한 리모델링 공사만으로도 훌륭한 재테크 수단이 되는 것이다.

'인테리어가 정말 돈이 됩니까?'라고 묻는다면, 필자는 이렇게 답할 것이다.

・ 다가구 주택 리모델링 공사 완료 후의 내·외부 ・

"물론이죠. 인테리어를 잘하면 당연히 돈이 될 뿐만 아니라 더 벌어 주기도 하죠. 전세나 월세 임대료를 올려 받을 수도 있고요, 팔 때도 주변 시세보다 더 좋은 가격에 매도할 수 있습니다. 또 설령 비싸게 팔지 못하더라도 주변 물건들보다 빨리 뺄 수 있기 때문에 대출 이자를 줄일 수 있으니 돈을 버는 게 맞습니다."

인테리어 잘하려면
어떻게 하면 될까

참 많이 듣는 질문이다. 하지만 막상 답을 해 주려고 하면 설명하기 애매한 부분이 있다. 정해진 정답이 있는 게 아니기 때문이다. 남들 눈에는 못생겨 보여도 내 눈에 예쁘면 그만인 것이다. 그런 의미에서 인테리어는 상당히 주관적이라 할 수 있다.

물론 돈을 많이 들이면 예쁠 수 있다. 하지만 무조건 돈을 많이 들인다고 해서 인테리어를 잘하는 건 아니다. 예전에 지인 집에 갔더니 인테리어 비용을 5,000만 원이나 들였다며 자랑하듯이 말하길래, 그 인테리어를 유심히 살펴보았다. 하지만 내 마음속에 들었던 생각은 '이걸?'이라는 의문뿐이었다.

사람들이 원하는 인테리어는 1,000만 원을 들여 2,000만~3,000만 원의 효과를 내는 인테리어. 그게 바로 '가성비를 높이는 인테리어'인 것이다. 그럼 가성비를 높이려면 어떻게 해야 할까?

학원에 가야 할까? 하지만 그것은 우리가 알고 싶은 부동산 인테리어가 아니다. 단지 우리는 내 가족이 거주할 집과 임대용 주택을 예쁘고 가성비 좋게 꾸밀 정도만 알면 된다. 딱 그 정도면 족하다. 그럼 어떤 방법이 좋겠는가? 정말로 인테리어를 잘하려면 어떻게 해야 할까?

인테리어를 잘하려면 일단 인테리어 전문 잡지를 많이 보는 게 좋다.

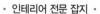

· 인테리어 전문 잡지 ·

이런 잡지가 좋은 이유는 항상 새로운 뉴스가 있기 때문이다. 인테리어 관련 내용이나 신규 자재들을 빨리 접할 수 있다. 특히나 특집 기사로 인테리어가 잘된 곳을 소개해 주곤 하는데, 공간별로 자세히 설명해 주니 디자인에 대한 이해도를 높일 수 있다. 또 친환경 마감재나 신규 도기, 수전, 액세서리 등도 매월 소개해 주므로 자연스럽게 인테리어 트렌드를 이해하는 데 도움을 받을 수 있다.

두 번째로는 인테리어 토털 서비스를 제공하는 사이트나 전시 매장을 이용하면 좋다.

외국에는 엄청난 규모를 갖춘 이런 매장들이 많이 있는데, 특히 가까운 일본만 하더라도 파나소닉 매장이 있다. 파나소닉은 일반적으로 가전제품을 판매하는 회사로 알려져 있지만, 인테리어 토털 매장도 운영한다.

집값 높여도 잘 팔리는 부동산 인테리어

파나소닉 매장에 방문하면 매니저가 방문객에게 디자인 콘셉트에 관해 설명해 주고, 그 인테리어에 맞는 마감재를 A부터 Z까지 제안한다. 그러면 방문객은 마음에 드는 것을 매장에서 구입할 수 있다. 이렇듯 파나소닉 매장은 고객을 위한 서비스가 편리하게 되어 있는 편이다.

우리나라에도 물론 인테리어 매장들이 있긴 하지만, 대부분 규모가 그렇게 크지 않고 영세하다. 또 파나소닉처럼 인테리어 토털 서비스를 받을 수는 없고, 대신에 가구 관련 상담을 하거나 실제 공간에 제품을 가상으로 앉혀 보는 시뮬레이션은 가능하다.

물론 굳이 물건을 구매하지 않더라도 상담을 받아 보고 공간이 어떻게 인테리어 되어 있는지 보는 것만으로도 인테리어에 대한 안목을 높이는 데 상당히 도움이 된다. 또 인테리어 회사의 홈페이지에서는 해당 업체에서 일반 고객을 대상으로 시공한 실제 사례를 볼 수 있는데, 평형별로 공사 완료된 이미지와 비용까지도 같이 나와 있어 도움이 많이 된다.

세 번째는 건축 자재 박람회를 가 보는 것이다.

수많은 건축 자재를 한곳에 모아 놓은 걸 직접 만져 볼 기회가 그리 많지 않기 때문에 박람회에 가 보는 것은 인테리어를 하는 데 도움이 많이 된다.

대표적인 박람회가 경향하우징페어다. 처음에는 수도권(코엑스, 킨텍스)과 부산에서만 개최되었지만 지금은 광주, 대구, 제주도에서도 열리는 국내 최대 규모의 건축 전시회다.

경향하우징페어를 가 보면 그 규모가 어마어마하다. 다만, 모든 자재를 다 보려고 하면 시간이 상당히 걸리기 때문에 인테리어에 관련된 것들만 선별해서 보면 된다.

· 건축 자재 박람회 ·

집값 높여도 잘 팔리는 부동산 인테리어

인테리어는 아이덴티티가 중요하다

세상에는 정말 예쁘고 잘생긴 사람이 많다. 이런 사람들의 공통적인 특징은 바로 얼굴의 형태와 피부색, 이목구비 등이 모두 조화롭다는 것이다. 아무리 눈, 코, 입이 각각 예쁘다 하더라도 합쳐진 모습이 어색하다면 별로일 수밖에 없다. 결국 얼굴은 부분 부분이 아닌 전체적인 통일성, 즉 아이덴티티가 중요하다. 인테리어 디자인도 마찬가지다. 아래 사진들을 보자.

· 모던 스타일(좌측), 내추럴(우측 상단), 인더스트리얼(우측 하단) ·

자료: 아노블리81

이 사진들은 3가지 콘셉트를 적용한 인테리어 디자인이다. 어때 보이는가?

모던 스타일은 블랙 앤 화이트 콘셉트로, 벽과 바닥을 화이트 계열의 천연석으로 마감하고 침실 공간으로 분리되는 슬라이딩 도어를 투명 유리로 연출했다. 또 가구, 소품, 조명 등을 블랙 컬러로 매치시키면서 세련되게 스타일링했다. 심플하게 디자인이 잘됐다고 할 수 있다.

그럼 내추럴 스타일은 어떠한가? 벽은 아이보리 컬러의 천연석, 오크 계열의 원목마루와 슬라이딩 도어를 매치시켜 전체적인 컬러 밸런스가 자연스럽다. 인더스트리얼 디자인도 벽면은 고벽돌, 바닥과 슬라이딩 도어는 짙은 컬러로 마감해 전체적으로 어색함 없이 조화롭다.

그런데 눈썰미가 좋은 사람은 벌써 눈치를 챘겠지만, 앞의 인테리어 디자인은 모두 같은 공간에 콘셉트만 다르게 적용한 것이다. 이처럼 같은 공간이라 하더라도 마감재를 어떻게 구성하는지에 따라 느낌이 전혀 달라진다. 아래 사진들을 더 보도록 하자.

자료: 아노블리81

이번에는 어떤가? 3가지 스타일의 마감재를 그대로 다른 공간에 적용했다. 그런데 만약 내추럴 스타일에서 바닥은 모던에 적용했던

집값 높여도 잘 팔리는 부동산 인테리어

흰색의 비앙코 천연석으로 마감하고, 소파 뒤 벽면은 인더스트리얼 느낌의 고벽돌로 했다면 공간이 조화로울 수 있을까? 요즘음 아무리 믹스 앤 매치가 유행이라 하더라도 그건 아닐 것 같다. 그만큼 디자인 아이덴티티는 중요하다.

인테리어를 처음 시작할 때 예쁜 이미지를 찾아내 그것과 비슷하게 디자인하려는 사람이 많은데, 이때 많이 하는 실수가 있다. 현관은 모던, 거실은 내추럴, 주방은 클래식, 이런 식으로 전부 제각각 하는 것이다.

공간이 아이덴티티를 가지기 위해서는 전체적으로 통일된 콘셉트와 조화로운 컬러 밸런스를 가져야 한다. 아무리 좋은 마감재를 사용하고 돈을 많이 들인 인테리어라 하더라도, 이 두 가지가 부실하면 좋은 디자인이라고 할 수 없다.

다음 이미지는 건설사에서 분양한 모델하우스를 비슷한 디자인 유형끼리 묶어 놓은 사진들이다.

· 인테리어 사례 1 ·

자료: 한샘넥서스

• 인테리어 사례 2 •

자료: 한샘넥서스

집값 높여도 잘 팔리는 부동산 인테리어

자료: 한샘넥서스

제시된 사례의 이미지들이 점점 바뀌는 게 느껴지는가?

사례 1은 20평대 이미지들이다. 20평대는 전체적으로 화이트 톤으로 연출해야 한다. 그래야 공간이 넓어 보인다. 물리적 공간이 작기 때문에 마감재를 통해 확장돼 보이도록 한다.

사례 2는 30평대이다. 약간 무거워졌다. 자세히 보면 하부에 있는 가구 컬러가 바뀐 걸 알 수 있다. 조금 더 진하게 눌러 준다. 그리고 사례 3은 40평대인데, 확실히 평수가 커질수록 컬러가 짙어지고 중후해진다.

누가 그렇게 하라고 지시한 것도 아닌데 많은 건설사들이 약속이나 한 듯이 평형대별로 비슷한 콘셉트와 컬러를 모델하우스에서 사용하고 있다. 어떤 의미일까? 그건 바로 인테리어에는 일정한 패턴과 공식이 있다는 것이다.

좀 더 자세히 알아보자. 다음 두 사진은 59㎡ 타입이다.

신반포 센트럴자이

DMC 롯데캐슬 더 퍼스트

공간이 넓어 보이도록 연출하기 위해 주방 가구 상·하부장의 컬러를 모두 화이트로 마감했다. 그리고 재질은 무광택이다(불과 10여 년 전만 해도 대부분 유광택이었는데 요즈음은 무광이 트렌드다). 주의 깊게 볼 것은 주방 가구 상판석과 미드웨이(상·하부장 사이의 중간 벽체) 마감이다.

일반적으로 상판은 인조대리석, 미드웨이는 타일로 마감하는데 최근에는 많은 건설사가 상판과 미드웨이를 강화천연석(엔지니어드스톤)으로 통일한다. 강화천연석은 인조대리석보다 단가가 2~3배가량 비싼데도 불구하고 서울 및 수도권에서 분양하는 아파트 70% 이상이 이렇게 마감한다. 왜 그럴까? 이유는 한 가지, 여성들이 선호하는 주방을 좀 더 고급화하기 위함이다.

컬러는 어떤가? 짙은 그레이 컬러다. 전체적으로 따뜻하면서도 깔끔한 화이트 톤으로 이루어져 있으며, 상판과 미드웨이를 같은 컬러로 짙게 눌러 주면 공간이 좀 더 깊이감 있어 보인다.

벽지와 바닥 마루도 같은 맥락이다. 천장은 무조건 화이트이고, 벽은 화이트에 약간의 다른 컬러가 섞였지만 밝은 톤, 그리고 바닥 마루도 메이플이나 오크화이트 계열로 역시 밝은 톤으로 마감되어 있다.

이 모든 것이 물리적으로 좁은 20평형대를 넓고 확장돼 보이도록 하기 위한 노력인 것이다.

30평형대로 넘어가면 상부장은 그대로 화이트인데 하부장 컬러가 짙어지는 걸 볼 수 있다.

· 84㎡ 인테리어 사례 ·

20평형대보다 공간이 넓기 때문에 약간은 눌러 준다는 개념으로 하부장만 짙은 색으로 변화를 주는 것이다. 때에 따라서 오크 계열의 좀 더 짙은 컬러를 바닥에 사용하는 경우도 있지만 대부분 천장, 벽, 바닥 마감재는 20평형대와 비슷한 기조를 유지한다.

하지만 40평형대로 넘어가면 확실히 톤이 바뀐다. 상부장과 벽지의 컬러가 화이트가 아니며 그레이가 좀 더 들어가고, 하부장과 바닥 마루도 짙은 오크나 월넛으로 마감한다.

심지어 상·하부장 모두 짙은 월넛 컬러로 마감하는 경우도 있는데, 이럴 때는 너무 칙칙하지 않도록 바닥을 전체적으로 비교적 밝게 연출한다.

• 114㎡ 인테리어 사례 •

이와 같이 20평형대는 모든 마감재를 화이트 톤으로 마감해서 공간이 넓어 보이도록 계획하고, 평형대가 커지면서 좀 더 짙은 컬러가 많아지는 것을 볼 수 있었다.

모든 건설사가 똑같은 마감재와 똑같은 컬러를 사용하지는 않지만, 대부분 비슷한 디자인 아이덴티티를 가지는 것이다. 이는 평형대별로 일정한 인테리어 패턴이 있다는 것이고, 우리는 이를 벤치마킹해서 잘 활용하면 되는 것이다.

인테리어 콘셉트 잡기

인테리어 콘셉트는 보통 모던, 내추럴, 클래식 3가지로 나뉜다.

　　　　　　　집값 높여도 잘 팔리는 부동산 인테리어

왜 그럴까? 이유는 크게 실패하지 않는 디자인이기 때문이다. 그래서 모델하우스 역시 대부분 모던 아니면 내추럴 스타일로 콘셉트가 정해져 있다.

클래식 스타일로 넘어갈수록 인테리어를 코디네이션하기 어려워진다. 또한 클래식은 모던이나 내추럴보다 마감재 자체의 모양이 크고 형태가 복잡해서 단가가 올라갈 수 있는데, 이는 건설사에서도 부담이다. 모던과 내추럴을 라이트급이라고 한다면 클래식은 헤비급인 것이다.

최근 모델하우스에서는 예전처럼 클래식한 스타일의 인테리어를 본 적이 별로 없을 것이다. 대부분이 모던이고, 중대형으로 넘어가면 내추럴 정도다.

인테리어는 마감이 완료된 후에도 이동식 가구, 소품, 조명, 쿠션, 커튼, 패브릭 등으로 홈퍼니싱까지 끝나야 완성된다고 볼 수 있다. 벽지, 장판, 주방장, 상판, 타일 등의 기본 인테리어는 도화지인 셈이다. 계절마다 가구를 새로 배치하고 커튼이나 쿠션을 바꾸는 등 변화를

· 인테리어의 3가지 콘셉트 : 모던(좌) 내추럴(중) 클래식(우) ·

주면 효과가 커진다. 하드웨어가 너무 과하면 변화를 주기 힘들 수 있다. 모던과 내추럴 스타일은 이런 변화가 비교적 자유롭다.

 남 대표의 인테리어 깨알 TIP

웨인스코팅

중세 빅토리아 시대(17~18세기)에는 한기와 습기를 이겨 내기 위해 벽과 천장에 동일한 사이즈의 단열재 패널 보드를 덧댄 뒤 나무 패널을 둘러놓았는데, 이 패널들이 바로 웨인스코팅이다. 요즘에는 이 웨인스코팅을 단열보다는 인테리어 아이템으로 장식의 효과를 위해 설치하는 경우가 대부분이다.

그런데 초보자들이 특히 많이 하는 실수가 전체적인 인테리어 스타일은 모던인데 웨인스코팅만 덜렁 들어가 있는 경우다. 단순히 웨인스코팅이 예뻐 보여서 그걸 사용해 보고 싶은 것이다.

하지만 웨인스코팅은 클래식 아이템이다. 그래서 단순하게 웨인스코팅만 사용하기보다는 굴곡이 있는 몰딩이나 걸레받이가 받쳐 줘야 디자인 아이덴티티가 만들어진다. 또 컬러를 고를 때 벽지보다 웨인스코팅이 밝을 경우 안정감을 주지 못하기 때문에 오히려 약간 짙은 컬러를 사용하는 게 좋다.

인테리어가 잘됐다는 것은 하나의 공간, 하나의 아이템만이 예쁜 것이 아니라 공간을 구성하는 요소요소가 전체적으로 조화를 이루었다는 것을 뜻한다.

· **웨인스코팅의 좋은 예** ·

자료: Pinterest

몰딩과 걸레받이가 웨인스코팅과 같이 클래식 스타일이고, 웨인스코팅의 컬러가 벽보다 무겁기 때문에 공간이 안정감 있어 보인다. 또 몰딩, 웨인스코팅, 방문이 모두 하나의 컬러로 이루어져 통일감이 있으며 고급스럽다.

· 웨인스코팅의 잘못된 사례 ·

자료: Pinterest

몰딩의 모양이 클래식 타입이 아닌 모던 스타일에 들어가는 계단 몰딩이고 걸레받이도 일자형이라 어울리지 않는다. 그리고 공간이 안정감을 주려면 위보다는 아래에 짙은 컬러가 들어가는 것이 좋은데, 위 사례는 반대로 아래의 웨인스코팅이 더 밝은 화이트 컬러기 때문에 불안정해 보이고 문선의 컬러도 전혀 통일감을 주지 못하고 있다.

주방이 예뻐야
진짜 잘된 인테리어

앞에서 살펴본 모델하우스들은 한 가지 공통점이 있다. 그건 바로 관련 이미지들이 모두 주방이라는 것이다. 왜 하필 주방일까?

주택을 구성하는 공간에는 거실, 침실, 욕실 등도 있는데, 왜 주방만 가지고 이렇게까지 설명하는 것일까? 그건 특별한 이유가 있다. 주방은 여성들의 선호도가 가장 높은 공간이고, 마감재의 종류도 많다. 따라서 특별히 주방이 예뻐야 잘된 인테리어로 보인다. 아래의 사례는 4bay 형태의 84m² 평면이다.

· 4bay 형태의 84㎡ 평면도 ·

자료: 송도SK뷰 센트럴

집값 높여도 잘 팔리는 부동산 인테리어

거실은 4.5m인 데 비해 주방은 3.2m로 너무 협소하다(요즈음 건설
사들은 주방의 폭을 거실의 폭까지 늘리는 경우가 많다. 물론 단지의 배치와 용
적률 등 여러 가지 법규 사항이 밀접하게 연관되어 있어 주방 폭을 넓히는 평면
설계가 단순한 것은 아니다).

　　주방은 여성들이 가장 선호하는 공간이다 보니 상품의 퀄리티가
비슷하다면, 이왕이면 넓은 주방을 선호하는 것은 당연하다. 그래서
건설사에서는 주방을 넓히는 옵션을 만들어 내는데, 일명 '주방 팬
트리형'이다. 이는 침실 형태의 알파룸을 팬트리형으로 사이즈를 줄
이면서 주방을 넓게 만드는 옵션이다. 두 개의 평면을 나란히 비교해
보자.

· 알파룸을 줄이고 주방 공간을 넓힌 사례 ·

자료: 송도SK뷰 센트럴

　　주방이 훨씬 넓어졌다. 여성들의 로망인 84m² 타입에 6인용 식탁
을 놓을 공간이 확보된 것이다. 투시도로 구현된 모습을 보면 더 확
실히 이해가 된다. 주방 팬트리형 옵션으로 확장된 주방의 모습이다.

· 팬트리형 옵션으로 확장된 주방 ·

자료: 송도SK뷰 센트럴

그런데 3.2m의 기본형 타입을 선택할 경우는 어떨까?

· 기본형 선택 시 주방 ·

자료: 송도SK뷰 센트럴

평면도 기준으로 가상의 벽체를 만들었는데, 식탁 중앙으로 지나
가게 돼 공간의 1/3 정도가 줄어든 느낌이 들 만큼 답답해 보인다. 물
론 이것이 잘못됐다는 게 아니다. 주방을 넓게 쓰고 싶은 사람은 팬
트리형 옵션을, 방이 하나라도 더 있는 걸 원하는 사람은 기본형으로

집값 높여도 잘 팔리는 부동산 인테리어

선택하면 된다.

중요한 것은 건설사에서 구조를 바꿔서라도 주방을 넓어 보이게 하는 전략을 구사한다는 것이다. 그만큼 주방이 중요하기 때문이다.

그리고 주방은 세대 내에서 마감재가 가장 많은 곳이다.

· 주방 가구에 쓰이는 마감재 종류 ·

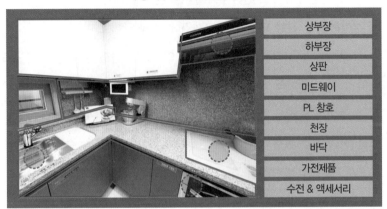

자료: 송도SK뷰 센트럴

상부장, 하부장, 상판, 미드웨이, PL 창호, 천장, 바닥, 가전제품, 수전 및 액세서리 등이 전부 주방에 위치해 있다. 그래서 건설사에서도 주방을 가장 먼저 디자인한다.

마감재가 많은 곳에서부터 적은 곳으로의 이동은 지극히 당연한 것이다. 그래서 큰 틀에서의 콘셉트가 정해지면 가장 먼저 주방 디자인을 결정짓고 거실, 현관, 침실 등으로 마감을 끌고 나오는 것이다.

예를 들어 30평형대를 디자인하는데 콘셉트가 모던이라면, '일단 하부장을 그레이 컬러로 좀 눌러 줘야 되겠지? 그런데 이번에는 주방 상판 컬러를 바꿔 보자. 미드웨이는 강화천연석으로 할까, 아니면 타일로 할까? 타일은 유광이 좋을까, 무광이 좋을까? 손잡이 포인트 컬러는 어떤 걸 쓰지?' 이런 식으로 디자인을 정리해 나가는 것이다.

디자인 정리 과정

그럼 건설사에서 모델하우스를 설계할 때 실제로 디자인을 어떻게 정리하는지 진행 과정과 프로세스에 대해 알아보자.

프로젝트가 시작되면 건설회사의 인테리어 담당은 가장 먼저 분양하게 될 사업지의 시장조사에 착수한다. 해당 지역 아파트의 마감재 수준이나 트렌드 등을 조사하는데, 특히 동업 타사의 상품을 면밀히 파악하고 경쟁 상품과 차별화할 수 있는 전략을 수립한다. 큰틀에서 상품의 방향성이 정해지면 인테리어 회사와 협의하면서 좀더 디테일한 자료 수집을 한다.

· 마감재 보드: 공간별 주요 마감재 ·

집값 높여도 잘 팔리는 부동산 인테리어

이런 과정을 통해 구체적인 콘셉트가 정해지면 다음 단계로 가구 회사와 주방 가구에 대한 협의를 진행하는데, 이 단계가 중요하다. 주방은 고객에게 가장 많이 어필할 수 있는 공간인 동시에 디자인의 중심이 되는 공간이기 때문에 하나하나 마감재를 결정하면서 필요에 따라 유·무상 옵션 상품 등을 계획한다.

마감재가 결정되고 나면 실제 샘플들을 붙여서 보드를 제작하는데, 이때 유닛Unit에 들어가는 마감재 전부를 붙이는 게 아니라 공간별로 중요한 자재들 위주로 만든다.

이렇게 마감재 보드를 만들면 컬러 밸런스만으로도 전반적인 콘셉트를 유추할 수 있다. 앞에서 다뤘던 평형별 디자인 아이덴티티를 기억해 보자. 전체적인 색감이 어떤가? 화이트보다는 아이보리와 오크색이 많이 보이고 중간중간 짙은 월넛 컬러도 보인다. 그렇다면 내추럴 콘셉트로 84m²나 114m²에 어울리는 컬러 밸런스다.

· 주방 가구 주요 마감재 ·

마감재를 선택할 때는 이런 식으로 명확히 콘셉트를 정하고 전체적인 컬러가 어떻게 조합이 될지를 생각해야 한다. 그래야 공간이 어색하지 않고 자연스럽다.

주방에서 사용하는 마감재로는 팬트리 도어, 코너장, 상판, 상부 플랩장(문을 위로 여는 형태의 장), 상·하부장, 손잡이, 미드웨이 타일, 메인필름, 강마루 등이 있다. 이 중에서도 가장 핵심이 되는 마감재는 상부장과 하부장, 상판, 그리고 미드웨이 타일 4가지다.

그래서 마감재를 선정할 때도 이 4가지를 먼저 선택하고, 나머지는 콘셉트와 컬러 밸런스에 맞춰서 선택한다. 하지만 실제로 마감재 보드를 만들려면 생각보다 쉽지 않다. 업자들이 샘플을 주지 않는 경우도 많고, 설령 구했다고 하더라도 원하는 사이즈로 제작하기가 어렵기 때문이다. 그래서 샘플을 구하기보다 사진을 찍는 것이 좋다. 사진을 찍어서 이미지를 배치하고 조합해 보면 된다.

이렇게 마감재가 정리되면 다음 작업으로 평면을 입체화해서 아래와 같이 3D 투시도로 시뮬레이션해 본다. 이 과정에서 전체적인 컬러 밸런스는 조화로운지, 실제 공사 시에 문제가 될 만한 사항은 없는

• 투시도 계획안(좌)과 공사 완료(우) 후 비교 •

집값 높여도 잘 팔리는 부동산 인테리어

지 면밀히 검토해 보고 비로소 공사 착공에 들어가는 것이다.

사진상으로 봤을 때 투시도와 비교해 일부 소품이나 디스플레이용 가구가 변경되기는 했지만, 전체적으로는 투시도와 거의 유사하게 결과물이 나왔다. 사전에 콘셉트를 정하고 마감재를 선정한 대로 결과물이 나오는 것이고, 그 중심에 항상 주방이 있는 것이다.

인테리어 마감재, 어떤 걸 고를까

우리는 이제까지 콘셉트와 컬러 밸런스가 공간에 미치는 영향과 주방 디자인이 얼마나 중요한지에 대해서 알아봤다. 그럼 다음은 무엇을 살펴봐야 할까? 그렇다, 바로 마감재다.

마감재는 공간의 표정을 살려 주는 중요한 역할을 한다. 어떤 마감재를 쓰느냐에 따라 분위기가 달라지기 때문에 마감재의 종류를 많이 알수록 인테리어를 잘할 수 있다고 해도 과언이 아니다. 하지만 마감재의 종류가 너무 많아서 하나하나 다 알려고 하면 정말 끝이 없다. 그래서 가장 많이 접하게 되는 마루, 벽지, 타일, 인조석 4가지 정도만이라도 제대로 알아 두면 좋다.

· 마감재 종류 및 적용 부위 ·

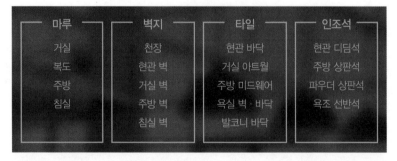

마루	벽지	타일	인조석
거실	천장	현관 바닥	현관 디딤석
복도	현관 벽	거실 아트월	주방 상판석
주방	거실 벽	주방 미드웨어	파우더 상판석
침실	주방 벽	욕실 벽·바닥	욕조 선반석
	침실 벽	발코니 바닥	

건설회사가 모델하우스에 적용하는 마감재는 대부분 '특판용' 제품이다. 이는 제조사들이 분양하는 건설사에 판매하는 용도로 특별히 만든 제품으로 일반 내수 시장에서 거래되는 '시판용' 제품과는 다르다.

집값 높여도 잘 팔리는 부동산 인테리어

마루

마루는 바닥 마감재다. 표면이 단단해서 내구성이 좋고 고급스러운 느낌을 연출할 수 있다. 강마루가 평당 8만 원 정도라면 장판(1.8T 기준)은 2만 원 정도로 가격이 1/4 수준이기 때문에, 마루가 보편화되기 전에는 가격이 저렴한 장판을 많이 사용했다.

하지만 장판도 두께가 두꺼워질수록 가격이 올라간다. 기능성 제품이 등장하면서부터는 심지어 마루보다 비싼 장판*도 나왔다.

마루는 원목마루, 합판마루, 강화마루, 강마루 등 크게 4가지 종류로 나눌 수 있다.

· 원목마루

원목마루는 합판 위에 2~3mm 두께의 원목을 붙인 천연 나무 마루다. 무늬가 자연스럽고 표면 손상 시 3~4회 정도는 표면을 살짝 갈아 내는 연마 작업을 거쳐 새것처럼 원상 복구가 가능하다. 하지만 기후에 따라 수축과 팽창이 심해 뒤틀리거나 들뜸 현상이 나타날 수 있고, 표면 내구성도 약하다. 또 열전도성이 떨어져 바닥 난방과는 잘 맞지 않는 단점이 있는가 하면, 평당 100만 원이 넘는 제품이 있을 정도로 가격 또한 만만치 않다(마루 중 가장 고가다). 하지만 이렇게 단점이 많음에도 불구하고 선호하는 이유는 분명하다. 상당히 고급스럽기 때문이다.

---

* LG하우시스의 '소리잠'은 6.0T 기준으로 8만~10만 원 정도 하기 때문에 사양에 따라 마루보다 고가 제품이라고 할 수 있다. 어린 자녀들이 있거나 층간 소음 때문에 스트레스를 받는 사람들에게 추천할 만한 제품이다.

물론 비싸다고 다 좋은 것은 아니기에 전체적인 공간의 밸런스를 잘 고려해서 마루를 선정해야 한다.

· 거실에 깔린 원목마루 ·

자료: 아노블리81

· 합판마루

합판에 무늬목을 붙인 천연 나무 표면층 마루다. 선명한 나뭇결과 질감으로 원목과 가까운 느낌이 난다. 바닥에 접착 시공하는 방식으로 열전도율이 좋아 '온돌 마루'라고도 부른다. 수분에 강하고 열에 의한 뒤틀림이나 변형이 적지만, 표면 내구성이 약해 마모가 쉽게 되는 단점이 있다.

불과 몇 년 전까지만 해도 건설사들은 합판마루를 분양 현장에 많이 적용했다. 일단 가격적인 부분에서 원목마루보다 훨씬 저렴해서이기도 하지만, 천연 나무를 사용하다 보니 표면이 고급스럽기 때문이었다.

하지만 합판마루의 가장 큰 문제는 내구성이다. 작은 충격에도 찍

집값 높여도 잘 팔리는 부동산 인테리어

힘이나 긁힘이 너무 심했다. 심지어 마루를 깔고 있는 도중에도 찍히는 경우가 있었다. 그러다 보니 아파트 입주자 사전 점검 때 하자 리스트 1순위가 마루였다. 실제 거주하면서도 이런 하자는 많이 발생한다. 살짝만 물건을 떨어뜨려도 찍히는 건 예사고, 가구 위치 좀 바꾼다고 끌어도 스크래치가 날 정도니 고객과 점점 멀어질 수밖에 없다. 그래서 요즈음에는 합판마루를 거의 사용하지 않는다. 굳이 표면이 천연 나무라 너무 예뻐서 꼭 해야 된다고 하면 어쩔 수 없지만 개인적으로는 추천하지 않는다.

· 합판마루 ·

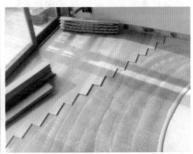

자료: LG하우시스

· 강화마루

고밀도 섬유판(HDF)에 나무 무늬 필름을 입힌 것으로 표면 강도가 강하다. 합판마루처럼 별도의 접착제 없이 바닥재끼리 끼워 맞춰서 시공한다. 그래서 바닥이 고르지 않으면 열전도율이 떨어지고, 공간이 생겨 소음도 발생할 수 있다.

표면 내구성이 약한 합판마루 대신 선택을 많이 받았던 마루가바로 강화마루다. 표면이 정말 단단하다. 웬만한 물건이 떨어져도 찍힘이 덜하고 스크래치도 적다. 그래서 상업공간에 마루를 깔아야 하면 항상 강화마루를 쓰는데, 특히 헬스장이 단골 장소다.

하지만 강화마루에는 치명적인 단점이 있다. 수분과 열에 민감해서 계절에 따라 수축이나 팽창이 심할 수 있고, 그로 인해 틈이 벌어지는 하자가 많이 발생한다는 것이다.

· 강화마루 ·

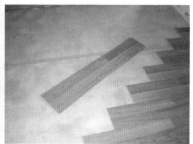

자료: LG하우시스

🏢 남 대표의 인테리어 깨알 TIP

마루 사이에 틈이 벌어졌을 때 간단한 해결법

마루 사이에 틈이 벌어졌을 때는 간단히 해결할 수 있는 방법이 있다. 인터넷 검색창에 '마루 메꾸미'라고 찾아보면 제품이 많은데, 그중에서 튜브형의 짜서 쓰는 제품을 구입하면 된다.

제품을 구입할 때는 마루 컬러와 유사한 색상을 고르는 게 중요하다. 시공 방법은 간단하다. 틈이 벌어진 곳에 메꾸미를 삽입하고 틈 밖으로 흘러내리는 용액을 닦아 내기만 하면 된다. 하지만 이 방법도 임시방편일 뿐, 상태가 더 심각해지면 정식으로 A/S를 받는 게 좋다.

집값 높여도 잘 팔리는 부동산 인테리어

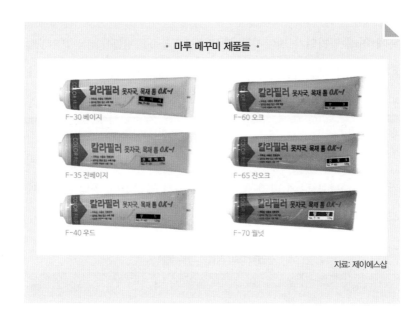

자료: 제이에스샵

· **강마루**

합판마루와 강화마루의 장점만을 합친 마루다. 합판 위에 나뭇결 무늬 필름을 입혀서 만든 제품으로 표면 강도가 높고 열전도율이 좋다. 온돌마루와 같은 찍힘이나 긁힘 현상이 잘 발생하지 않고 강화마루처럼 들뜨거나 틈이 벌어지는 하자도 적은 데다가 최근 천연 무늬

• 일반 강마루(좌), 원목 느낌 강마루(우) •

목에 비해 퀄리티가 떨어지는 부분(표면에 굴곡을 만들어 원목 같은 느낌을 연출)까지 보완되면서 건설사의 80% 이상이 강마루를 사용한다. 필자가 현직에 있을 때 수많은 분양 현장에서 사용했던 마루도 역시 강마루였다.

마루를 선택할 때는 종류만큼이나 컬러도 중요하다. 어느 수종의 컬러를 사용하느냐에 따라 공간의 분위기가 달라진다. 평형대별로 메이플, 오크, 월넛, 3가지만 기억하면 된다.

· 면적 대비 적합한 마루 색상 ·

면적	마루 색상
59㎡	메이플
84㎡	메이플, 오크
114㎡	오크, 월넛

여기서 중요한 건 메이플이라고 해서 종류가 하나만 있는 게 아니라는 사실이다. 메이플 중에서도 좀 더 밝거나 어두운 것이 있고, 그린 빛이 돌거나 옐로 컬러가 더 들어간 것도 있다. 제조사에 따라서도 다르다. 그래서 제품을 고를 때는 여러 업체의 제품을 같이 놓고 선택하는 게 좋다.

좋은 마루 고르기

마루 제작 업체에는 LG지인, 구정마루, 이건마루, KCC, 동화자연마루, 한솔, 메라톤 등의 대기업뿐만 아니라 정말 처음 들어보는 업체도 무수히 많다. 보통 사람들은 이 수많은 업체의 제품들 가운데 정확히 어떤 제품이 좋고 나쁜지 알기가 어렵다. 그 이유 중 하나는 강마루의 가장 기본이 되는 자재인 합판에 있다. 합판의 원산지가 어디냐에 따라 등급이 달라지면서 좋고 나쁨이 결정되기 때문이다.

그럼, 어떤 합판이 좋은 합판일까?

합판은 국내에서도 제작되지만 대부분 인도네시아와 말레이시아에서 만들어지는데, 국내보다는 이 지역의 제품들이 더 좋다. 인도네시아나 말레이시아 합판으로 마루를 만들면 고민할 게 없다. 문제는 중국산 저가 제품이다.

중국산 저가 합판은 쉽게 뒤틀리고 내구성이 약해 하자가 많이 발생한다. 하지만 고객들은 합판이 중국산 저가 제품으로 만들어졌는지 인도네시아 제품으로 만들어졌는지 알기가 어렵다. 안타까운 일이다.

그래서 자재를 고르더라도 너무 싼 제품은 피하는 게 좋다. 몇십만 원 아끼려다 몇백만 원 깨지는 경우가 생길 수 있기 때문이다. 따라서 마감재를 볼 때는 항상 가격을 같이 알아보는 습관을 기르는 게 좋다.

마루의 가격

그럼, 마루 가격은 어떻게 될까?

업체마다 가격이 조금씩 다를 수 있지만 일반적으로 강화마루는 8만~10만 원, 강마루는 10만~12만 원 선이다.

(기준: 1평)

구분	자재 + 시공비	철거비	시공비
강화마루	8만~10만 원/평	2만~2만 5,000원/평	3만 5,000원 + α
강마루	10만~12만 원/평	2만 5,000~3만 원/평	
강마루 헤링본	12만~14만 원/평		

마루의 인테리어 비용

그럼 84㎡ 기준으로 마루의 인테리어 비용은 대략 얼마가 나올까?

우선 업체들의 단가 기준이 1평이기 때문에, 그 기준으로 물량을 산출해야 한다. 84㎡는 대략 33평 정도 되는데, 그중에서 전용면적은 27평 정도다. 여기서 현관, 욕실 면적의 물량(3평)이 빠져야 하지만 실무에서 이 정도는 로스loss 물량으로 본다. 일반적으로 로스는 정물량의 10% 정도 계산하기 때문이다. 또한 발코니가 확장된 곳은 별도의 물량으로 추가 계산한다. 발코니는 서비스 면적으로 전용면적에 포함되지 않기 때문이다.

그래서 자재비를 강화마루 8만~10만 원, 강마루 10만~12만 원을 기준으로 하면 각각 216만~270만 원, 270만~324만 원 정도 산출된다. 그리고 만약 자재를 싸게 매입할 수 있다면 시공비만 계산하면 되는데, 이때는 평당 4만~5만 원을 기준으로 한다. 그런데 기존에 마루가 있는 상태에서 철거를 하고 다시 마루를 깔아야 하는 상황이라면 철거비가 추가된다. 철거비(마루 철거, 바닥 샌딩, 폐기물 반출까지 모두 포함된 금액)는 평당 3만 원 정도다.

그런데 철거 물량은 로스를 포함할 필요가 없으니 24평으로 계산하면 72만 원이다. 그럼 자재와 시공비, 철거비를 모두 더하면 각각 288만~342만 원, 342만~396만 원 정도인 것이다.

만약 강마루 헤링본으로 시공한다면 철거비는 그대로 두고 자재비와 시공비만 합쳐 평당 15만 원으로 올려서 계산하면 된다. 그럼 477만 원이 나오는데, 이는 일자형 시공보다 대략 80만 원이 더 비싼 가격이다.

• 마루 패턴 •

| 일반 시공 | 헤링본 시공 | 쉐브런 시공 | 한식 시공 |

자료: LG하우시스

남 대표의 인테리어 깨알 TIP

최근 바닥재 시장에서는 SPCStone Plastic Composite Flooring 마루가 많은 주목을 받고 있다. 돌가루와 PVC를 혼합해서 만든 SPC 마루는 방수성과 내구성이 뛰어나며, 특히 반려동물을 키우는 가정에서 선호되고 있다.

그러나 콘크리트 바닥의 수분 함수율이 4%를 초과할 경우 마루가 들뜨는 하자가 발생할 수 있어 시공 시 주의가 필요하다. 이를 예방하기 위해서는 바닥에 방수포를 깔고 시공하는 것이 필수적이다. 방수포는 습기를 차단해 마루의 안정성을 유지하는 데 중요한 역할을 한다.

벽지

벽지 종류는 실크, 합지, 친환경, 뮤럴Mural, 방염 등 다양하다.

· 벽지 종류 ·

종류	실크 벽지	합지 벽지	친환경 벽지	뮤럴 벽지
소재	종이 + PVC	종이 + 종이	식물, 광물 유래 성분 + 종이	부직포 + 수입 종이
초배 유무	○(띄움 시공)	X	○(띄움 시공)	○(띄움 시공)
시공법	이음매 맞댐	이음매 겹침	이음매 맞댐	이음매 겹침
도배 분량(롤당)	1롤 5평	광폭 1롤 5평 소폭 1롤 2평	1롤 5평	1그림당 3m(W)×2.4m(H)
가격대	중·고가	저가	고가	고가

자료: LG하우시스

· 실크 벽지

실크 벽지는 표면이 PVC로 코팅되어 있어 신축성이 좋고 오염됐을 때 물걸레로 닦으면 쉽게 지워진다는 장점이 있다. 또 비교적 변색이 적어 오랫동안 유지가 가능하고 이음매에 표시가 잘 나지 않는다. 그래서 분양 아파트 중 99%가 실크 벽지를 사용한다. 대신에 합지 벽지보다 가격이 높고, PVC 코팅으로 인해 친환경 소재가 아니라는 인식이 많다는 단점이 있다.

실크 벽지의 가로 길이는 106cm인데 옆으로 이어 붙여 시공한다. 그래서 문양이 큰 벽지의 경우 동일한 패턴이 반복적으로 나타나기 때문에 건설사에서는 무지 벽지를 선호한다.

집값 높여도 잘 팔리는 부동산 인테리어

· 합지 벽지

합지 벽지는 실크 벽지보다 가격이 저렴해서 많이 선호하는 제품이다. 예전보다 종류가 훨씬 더 다양해져서 선택의 폭이 넓어졌다. 실제로 만져 보면 아주 빳빳한 종이 느낌이라 신축성은 없지만, PVC 코팅이 없어서 좀 더 친환경적이라는 장점이 있다.

하지만 겹침 시공으로 이음매 표시가 많고, 오염물이 묻었을 경우 쉽게 지워지지 않거나 시간이 지날수록 변색이 심해진다는 단점이 있다.

· 친환경 벽지

요즈음 자녀들의 피부질환이나 아토피 때문에 친환경 벽지에 대한 관심이 높아지고 있다. 실크 벽지보다는 합지 벽지가 좀 더 친환경적이라고 할 수 있지만 소비자들은 더욱더 친환경적인 벽지를 원한다. 그럼 어떤 제품이 정말 친환경적인 벽지일까?

친환경 벽지란 식물성 소재, 게르마늄, 옥분, 황토 및 옥수수 전분 등 인체에 무해한 재료로 만들어진 것으로 PVC 성분이 전혀 없는 제품들을 말한다.[*]

하지만 이런 벽지들은 단가가 비싸거나 시공이 번거롭다는 단점이 있다. 일반적으로 실크 벽지가 2,150원/m^2인데 반해 친환경 벽지는 4,000원/m^2가량으로 가격이 2배, 많게는 3배 이상 차이 나는 제품들도 있다. 또한 벽지가 너무 두껍거나 혹은 얇은 경우가 있어 시공성이 떨어지기도 하고, 내구성이 약하기 때문에 오염이나 찢어짐이 많을 수 있다.

그럼에도 불구하고 정말로 친환경 벽지를 꼭 써야 한다면 초배지 또한 친환경 제품을 사용할 것을 추천한다. 그래야 진정한 친환경 벽지가 완성되니까 말이다. 친환경 초배지로 가장 많이 쓰는 제품은 활성탄 참숯 초배지다.

활성탄 참숯 초배지에 함유된 숯이 탄소 기공에 적합한 구조를 만들어 주고, 습도가 높으면 흡수하고 반대일 때는 방출하면서 실내

· **활성탄 참숯 초배지** ·

자료: 주항테크

---

[*] 친환경 벽지에는 지아벽지(LG하우시스), 자연림(신한벽지), 옥수수(서울벽지) 등이 있다.

집값 높여도 잘 팔리는 부동산 인테리어

습도를 일정하게 유지하는 효과가 있다. 일반 초배지와의 구별법은 간단하다. 일반 초배지가 하얀색인데 반해 참숯 초배지는 검은색이다.

· 뮤럴 벽지

뮤럴은 벽화라는 뜻으로, 마치 벽에 그림을 그리듯 벽지를 시공하는 제품이다. 시공할 벽면의 사이즈를 측정해서 주문 제작하기 때문에 '맞춤형 벽지'라고도 한다. 벽지가 똑같은 패턴이 아니라, 벽화를 그리듯 벽면 전체에 하나의 그림처럼 펼쳐지기 때문에 포인트 벽지로 많이 쓰인다. 대표적인 뮤럴 벽지로는 '세계지도 뮤럴 벽지'가 있다.

단가는 3만 8,000원/m²으로 일반 실크 벽지보다 많이 비싸다. 온라인에서 판매되는 실크 벽지 가격이 2,150원/m² 정도인 것에 비하면 거의 18배가량 비싼 것이다. 벽면 한 면만 계산하더라도 가로 4m×높이 2.4m = 9.6m이므로 9.6m × 3만 8,000원 = 36만 4,800원이다.

자료: 온라인 커뮤니티

타일

타일은 크게 자기질 타일, 도기질 타일, 복합(접합대리석) 타일, 석기
질 타일 4가지로 분류할 수 있다.

· 타일의 종류 ·

· 자기질과 도기질

그중에서 우리가 가장 많이 사용하는 제품은 자기질과 도기질 타
일이다. 두 타일의 가장 큰 차이는 바로 수분 흡수율인데, 자기질 타
일이 도기질 타일보다 수분 흡수율이 낮다(자기질 1%, 도기질 10%). 그
이유는 소성 온도(가마에서 굽는 온도)가 다르기 때문이다.

집값 높여도 잘 팔리는 부동산 인테리어

도기질은 저온(1,000~1,200℃), 자기질은 고온(1,200~1,400℃)에서 구워 낸다. 그래서 수분 흡수율이 낮은 자기질 타일은 현관, 욕실, 발코니의 바닥에 사용하고, 상대적으로 흡수율이 높은 도기질은 욕실 벽체에 많이 사용한다. 간혹 자기질 타일을 욕실 벽체에 사용하는 경우가 있는데, 이때는 타일이 떨어질 우려가 있으니 유의해야 한다.

자기질 타일을 벽에 사용하는 경우, 가장 흔히 볼 수 있는 것이 거실 벽면의 아트월Art wall이다. 아트월은 폴리싱 타일과 포세린 타일을 많이 사용하는데, 두 타일이 모두 자기질 계열이다.

육안으로는 자기질과 도기질 타일을 구분하는 것이 쉽지 않기 때문에 제품 구입 시 판매처에 반드시 확인하는 습관을 가지는 것이 중요하다.

· 거실 아트월 사례 ·

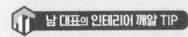

자기질 타일을 벽에 붙일 수 있는 방법

일반적으로 타일을 시공할 때는 시멘트나 레미탈 혹은 세라픽스(건축용 타일 접착제)를 사용한다. 그런데 이런 방식은 도기질 타일을 벽에 붙일 때 사용하는 방법으로, 자기질 타일을 벽에 붙일 때는 적합하지 않다. 하지만 석재용 에폭시 본드로 시공한다면 크게 문제가 되지 않는다. 왜냐하면 석재의 수분 흡수율은 자기질 타일보다 더 낮기 때문이다.

인터넷 검색창에 '에폭시 본드'라고 검색하면 제품이 많이 나오는데, 그중 '쌍곰'에서 나오는 제품[주제(4kg)+경화제(4kg)]이 가장 많이 사용된다.

주제와 경화제를 1 대 1로 섞어서 사용하는 제품인데, 비율이 맞지 않으면 접착력이 떨어지거나 변색 및 냄새가 날 수 있으므로 유의해야 한다.

• 석재에폭시 주제(좌), 경화제(우) •

· **복합 타일**(접합대리석 타일)

복합 타일은 타일과 천연석의 장점을 혼합해서 만든 제품이라고 보면 된다. 천연석의 가장 큰 장점은 자연스럽게 생겨난, 가공하지 않은 천연의 패턴이다.

타일이 천연석의 패턴을 모방해서 인위적으로 만들어 낸 제품이라면, 천연석은 자연 상태 그대로의 패턴을 가진다. 그리고 그 패턴은 석종들마다 다르고, 설령 같은 석종이라 하더라도 패턴은 완전히 똑같지 않다. 하지만 천연석은 타일보다 가격이 비싸고 시공이 어렵다는 단점이 있다.

일반적인 타일 가격(거실 아트월 벽체용 기준)을 3만 원/m²으로 본다면 천연석은 10만 원/m²이 넘는 제품이 많다. 또한 일반 타일보다 훨씬 무겁기 때문에 시공이 어렵다. 바닥 시공은 그나마 양호한 편이지만, 벽체 시공은 무척 어렵다. 그래서 개발된 제품이 바로 복합 타일이다. 타일 위에 천연석을 3mm로 얇게 붙인 것이다.

천연석의 경우 보통 20mm 제품을 많이 사용하는데, 이를 12mm로 경량화했다(일반 타일의 두께는 8~10mm).

작업은 타일처럼 시공이 가능하고, 가격도 타일과 천연석의 중간 정도다.

· **석기질 타일**

석기질 타일은 자기와 도기의 중간 정도 특성을 가진다. 다공질이어서 흡수율이 있고 겨울의 추위와 오염물질에도 잘 견디며 충격과 진동에 강하기 때문에 내장재보다는 외장재나 바닥용 타일로 많이 사용된다.

· 세라믹 타일

세라믹 타일은 표면이 단단하고 오염 물질에 강해 청소 및 유지 관리에 용이하다. 특히 세라믹은 대형 사이즈로 제작이 가능하다는 데 큰 강점이 있다. 거실 아트월이나 넓은 벽면에 시공할 때는 줄눈의 양을 최소화해 깔끔하고 세련된 인테리어를 연출할 수 있으며, 면적이 큰 공간에 사용하면 한층 더 넓어 보이는 효과를 준다.

또한 내구성이 매우 뛰어나 긁힘과 충격에 강하며, 시간이 지나도 변색이나 손상이 적어 오랫동안 사용할 수 있다. 이러한 장점 덕분에 고급 신축 아파트 건설사들 선호하는 자재로 자리 잡았으며, 리모델링 시장에서도 많은 소비자에게 큰 인기를 얻고 있다. 고가의 자재임에도 불구하고 고급스러운 디자인과 실용성을 겸비하고 있어 거실 아트월, 주방 가구 상판과 미드웨이 등 다양한 용도로 폭넓게 활용된다.

디자인 면에서도 다양한 색상과 질감, 패턴을 구현할 수 있어 유행에 구애받지 않고 오랫동안 품격 있는 인테리어를 유지할 수 있다.

 남 대표의 인테리어 깨알 TIP

중국 저가 타일 제품이 판치는 이유

국내의 대표적인 타일 업체는 아이에스동서, 대동, 삼현, 삼영 4군데다. 이 업체들은 모두 국내에 공장을 가지고 있다. 일반 소비자들은 대부분 이 4군데 업체의 제품을 선택하지만, 요즈음은 워낙 중국 저가 제품이 많아서 예전만큼 판매량이 높지 않다.

중국산 타일이 무조건 나쁘다는 건 아니다. 오히려 유럽산 타일보다 좋은 것도 있다. 실제로 중국에 있는 메이저 타일 업체를 방문하면 매장과 공장의 규모에 압도당할 정도로 정말 어마어마하다.

문제는 들어 본 적도 없는 중국의 영세한 업체들이 만들어 내는 타일이다. 그런 제품이 국내에 유통됐을 때 소비자가 알아낼 수 있는 방법이 없다는 것이다.

동네에 있는 타일 가게나 종합건자재상에서 "이거 중국 어느 회사 제품이에요?"라고 물어봐도 대답해 줄 수 있는 점주는 많지 않다. 그들 또한 국내 유통업체가 하는 말을 믿을 수밖에 없기 때문이다.

그런데 이렇게 국내에서 중국 저가 제품이 판치는 이유는 무엇일까? 그건 바로 수익률이 엄청나기 때문이다. 일반적인 국산 제품의 마진이 20%라고 가정했을 때, 중국산의 경우 40~60% 이상도 가능하다.

참 안타까운 현실이지만 국내 업체들이 살아남기 위해서는 좀 더 철저한 대안이 필요할 것으로 보인다.

인조석

인조석은 플라스틱 수지에 무기물질과 안료 등을 혼합해 생산하는데, 현재 국내에서 널리 사용되고 있는 인조석은 아크릴계 수지(유기물)에 무기물질을 혼합해서 만든 제품이다.

인조석은 크게 인조대리석(MMA)과 강화천연석(엔지니어드스톤) 2가지 종류로 분류한다.

· 인조석 종류 ·

집값 높여도 잘 팔리는 부동산 인테리어

· 인조대리석

1980년대 중반 듀폰 코리안Corian이 수입되면서 국내에 처음 소개된 이후, LG 하이막스HI-MACs, 롯데 스타론STARON, 한화 L&C의 하넥스HANEX 등의 제품들이 생산되고 있다. 표면만 대리석의 느낌을 지닌 것이 아니라 표면과 단면 모두가 균일한 물성의 자재로, 가공이 용이하고 마모가 되어도 무늬는 그대로이기 때문에 유지·관리가 용이하다. 또 오염이나 스크래치로 인해 손상이 되더라도 처음과 같은 외관으로 복구가 가능하며, 균일한 조직을 띠고 있어 연결부위를 자연스럽게 처리할 수 있고, 천연대리석보다 가격이 저렴하다. 1m 기준(폭 600mm) 9만~18만 원 정도다.

인조대리석은 주로 주방 상판, 욕실의 선반석으로 사용된다.

물과의 접촉이 빈번한 주방과 욕실에서는 위생이 강조되는 만큼, 인조대리석은 이음 부분이 자연스러워 이음새의 오염이 거의 없고 조직이 균일하기 때문에 물로 인해 썩거나 세균 및 미생물이 거의 번식

· 인조대리석 적용 사례 ·

하지 않아 널리 쓰이고 있다.

· 강화천연석(엔지니어드스톤)

인조대리석의 장점을 더욱 극대화하고 취약점을 보완한, 친환경적
이고 내구성이 뛰어난 마감재다.

· 강화천연석 적용 사례 ·

93% 천연규석(석영)이 주성분으로, 천연대리석의 색감과 질감을
그대로 구현했다. 무공질의 제품으로 세균 번식이 어려우며 스크래치
에 강하기 때문에 현관 디딤석, 주방 및 파우더 상판, 욕실 선반 등으
로 사용이 가능하다.

집값 높여도 잘 팔리는 부동산 인테리어

컬러 밸런스와 마감재를 어떻게 벤치마킹할 수 있을까

이제부터는 어떻게 하면 모델하우스에 적용된 컬러 밸런스와 마감재를 내가 원하는 장소에 벤치마킹할 수 있는지를 알아보자.

건설사에서 마감재 리스트(모델하우스에 적용된 마감재를 일목요연하게 정리해 놓은 자료)를 오픈해 주면 좋겠지만, 아쉽게도 대부분의 건설사는 일반인들에게 마감재 리스트를 공개하지 않는다. 물론 경우에 따라서 해당 사업지의 인허가청에 요청해 자료를 구할 수도 있지만, 그것 또한 여러 절차가 있어 단순하지가 않다.

마감재를 선정하는 방법

그럼 모델하우스에 적용된 마감재를 어떻게 알아낼 수 있을까? 이를 위해서는 3단계의 프로세스를 따라야 한다.

첫째, 마감재의 종류를 유추하고, 스펙spec을 결정한다.

· **주방 가구 상·하부장**: LPM, 필름, 도장 등이 있지만 LPM*은 패턴

---

* LPMLow Pressure Melamine은 무늬 또는 색상이 인쇄된 종이를 요소 수지와 멜라민 수지에 함침한 후 건조시킨 것이다.

이 다양하지 않고 필름은 내구성이 약하며 도장은 가격이 비싼 데다 변색이 심해 점점 사용량이 줄어들고 있다. 그래서 국내 내수 시장에서는 PET페트, polyethylene terephthalate 제품을 가장 많이 사용한다.

· **상판**: 상판 종류에는 PT, 인조대리석과 강화천연석, 천연석 등이 있는데 이 중 PT와 천연석은 일단 빼도 좋다. 국내 건설사들은 천연석에 대한 트라우마가 있어서 웬만해서는 사용하지 않고, PT는 저가 제품이라 모델하우스에서는 사용하지 않기 때문이다.

그럼 인조대리석과 강화천연석이 남는데, 미드웨이와 상판석이 같은 종류라면 강화천연석이라고 유추할 수 있다.

· **PL 창호 표면재**: 창호는 그냥 고민할 필요 없이 필름이다. 다만 현장에서는 PVC*냐 PP*냐를 따지는 경우가 있는데, PVC보다는 PP 제품이 훨씬 친환경적인 소재다.

· **바닥재**: 바닥재는 합판(온돌)마루, 강화마루, 강마루 중 하나인데 대부분의 건설사에서는 강마루 제품을 사용한다.

· **천장재**: 실크 벽지 또는 합지 벽지 중에서 분양 아파트에서는 거의 대부분 실크 벽지를 사용한다.

---

* PVC폴리염화비닐, Polyvinyl Chloride는 가소제로 프탈레이트를 함유한다. 원료인 염화비닐은 주로 기체 상태로 존재하는데, 발암물질이자 유전독성물질을 일으키기도 한다.
* PP폴리프로필렌, Polypropylene는 프로필렌을 중합하여 얻는 열가소성 수지로 인체에 유해한 가소제를 사용하지 않아 친환경적이다.

집값 높여도 잘 팔리는 부동산 인테리어

구분		마감재 종류	스펙 결정
주방 가구	상부장	PET, LPM, 필름, 도장	PET
	하부장		
	오픈 선반		
상판		PT, 강화천연석, 천연석, 인조대리석	강화천연석
미드웨이		강화천연석, 타일	강화천연석
PL 창호 표면재		PP, PVC	PP
바닥재		강마루, 합판마루, 강화마루	강마루
천장재		실크 벽지, 합지 벽지	실크 벽지

둘째, 스펙을 다운그레이드Downgrade해라.

스펙이 결정 났다면 '업체별 유사 제품 선정' 단계로 넘어가기 전 다운그레이드를 할 수 있는 품목이 있는지 찾아봐야 한다. 여기서 다운그레이드란 마감재 스펙을 하향 조정함으로써 제품 단가를 강제로 낮추는 것을 말한다.

상판과 미드웨이를 예로 1차 다운그레이드해 보자.

상판과 미드웨이를 동일한 마감재인 강화천연석으로 적용해 고급스럽게 연출했다. 하지만 강화천연석은 제품에 따라 단가가 20만 원/M(600mm 기준)이 넘는 경우가 많다 보니 상판과 미드웨이를 모두 적용할 때는 금액이 상당하다. 이런 때는 해당 마감재를 다운그레이드해야 한다.

순서는 강화천연석 상판과 유사한 인조대리석을 찾고, 인조대리석과 유사한 미드웨이 타일을 찾는 것이다. 여기서 중요한 것은 '컬러'다.

제품의 특성상 강화천연석과 인조대리석의 패턴이 다르고, 타일의 패턴 또한 다르다. 그래서 유사한 제품을 찾을 때는 컬러가 가장 유사한 제품을 선택하는 게 중요하다.

비슷한 컬러 제품을 찾는 것은 상판과 미드웨이에만 해당되는 것이 아니라, 다운그레이드하고자 하는 모든 마감재에 동일하게 적용된다.

· 강화천연석과 유사한 인조대리석을 찾은 후 미드웨이 타일과 매칭 ·

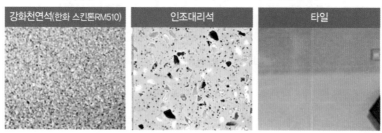

· 마감재별 1, 2차 다운그레이드 ·

구분		스펙 결정	1차 다운그레이드	2차 다운그레이드
주방 가구	상부장	PET	LPM	필름
	하부장			
	오픈 선반			
상판		강화천연석	인조대리석	PT
미드웨이		강화천연석	타일	−
PL 창호 표면재		PP	PVC	−
바닥재		강마루	강화마루	장판
천장재		실크 벽지	합지(광폭)	합지(소폭)

 남 대표의 **인테리어 깨알 TIP**

피해야 할 인조대리석

주방 상판 마감재가 인조대리석인 경우에는 되도록 짙은 브라운이나 블랙 컬러의 제품은 피하는 게 좋다. 생활 스크래치로 인한 표면 손상이 많이 발생하기 때문인데, 이를 반영하듯 최근 건설사에서도 사용 빈도가 점점 줄어드는 추세다.

· 피해야 할 인조대리석 종류들 ·

셋째, 업체별 유사 제품을 선정하라.

마감재 종류와 스펙을 결정하고 다운그레이드까지 완료됐다면 마지막으로 업체별로 유사 제품을 찾아야 한다. 벤치마킹한 공간을 나만의 스타일로 재탄생시키기 위한 마감재 선정의 마지막 단계다. 여기서부터는 본인이 직접 마감재를 선택할 수도 있고, 초보자라면 전문가의 도움을 받는 것도 좋다.

주방 가구, 상판, 미드웨이는 주방 가구 업체와 협의(만약 미드웨이가 타일일 경우에는 타일 업체나 욕실 리모델링 업체에 의뢰)하면 되고, PL 창호 표면재는 창호 업체에, 강마루는 마루 업체에, 실크 벽지는 도배 업체에 의뢰하면 된다.

참고로 을지로 방산시장과 같은 종합건자재 유통단지에서는 강마루와 실크 벽지를 같이 취급하는 곳이 많다. 여러 마감재를 같이 취급하면 번거롭게 왔다 갔다 하는 시간을 절약해 주고, 두 종류의 견

· 스펙 결정에 따른 관련 업체 찾기 ·

구분		스펙 결정	관련 업체
주방 가구	상부장	PET	주방 가구
	하부장		
	오픈 선반		
상판		강화천연석	
미드웨이		강화천연석	
PL 창호 표면재		PP	PL 창호
바닥재		강마루	마루
천장재		실크 벽지	도배

집값 높여도 잘 팔리는 부동산 인테리어

적을 한 업체에게 합산해서 받으니 협상할 수 있는 범위가 좀 더 커진다는 장점이 있다.

이렇게 3단계를 거치고 나면 벤치마킹하고자 하는 제품의 유사 마감재들을 모두 선정할 수 있다.

· 벤치마킹을 통한 유사 마감재 선정 예시 ·

마감재들이 결정되면 스펙 리스트를 작성해 두는 것이 좋은데, 이는 향후 동일한 마감재로 인테리어를 진행할 때 시간과 노력을 단축해 준다. 또한, 단가를 같이 정리해 놓으면 금액 비교에 용이하다.

지금까지 모델하우스를 통해 주방을 디자인하는 방법과 마감재를 선정하는 프로세스에 관해 알아봤다. 이런 방법은 비단 주방에만 국한되는 것이 아니라 모든 공간에 동일하게 적용할 수 있다.

· 마감재 스펙 리스트 표 ·

분류	구분		스펙 결정	제조사	품명	단가
1	주방 가구	상부장	PET	KCC	PED01	* * *
		상부장			PED20	
		오픈 선반			PED05	
2	상판		강화천연석	한화칸스톤	칸스톤 RM510	* * *
3	미드웨이		강화천연석			
4	PL 창호 표면재		PP	한화	Z852S	* * *
5	바닥재		강마루	동화자연마루	소프트 크레이오크	* * *
6	천장재		실크 벽지	LG지인	8192-1	* * *

· 마감재 선정 프로세스 ·

마감재 종류 유추 및 스펙 결정

↓

스펙 다운 그레이드

↓

업체별 유사 제품 선정

집값 높여도 잘 팔리는 부동산 인테리어

PART 2

아파트
모델하우스를
주목하라

왜 모델하우스를 봐야 할까

모델하우스는 건설사에서 온 정성을 들여서 만드는 상품이다. 아파트 위치나 건설사 브랜드뿐만 아니라 인테리어 또한 집 계약에 영향을 미치는 결정적인 요소 중 하나이기 때문이다. 이는 곧 건설사의 이윤으로 이어진다. 그래서 정말 최선을 다해서 만든다.

따라서 모델하우스의 인테리어를 참고하면 훨씬 더 예쁘고 마음에 드는 인테리어를 할 수 있다. 구체적으로 인테리어를 할 때 모델하우스를 봐야 하는 이유를 4가지 정도 들 수 있다.

· 모델하우스 내부 모습 ·

모델하우스를 봐야하는 4가지 이유

첫째, 아파트의 완성된 공간을 볼 수 있다. 모델하우스에 설치된 단위세대 유닛은 실제 입주 시와 똑같다. 현관에서부터 복도, 주방, 거실 그리고 보조 주방과 실외기실까지 모두 그대로 지어진다. 그렇기 때문에 전체적인 공간을 한눈에 볼 수 있다. 잡지나 인터넷으로 공사 사례를 보는 것과는 차원이 다른 수준이다. 백문이 불여일견이라 하지 않았는가? 직접 내 눈으로 보는 것보다 좋은 건 없다.

둘째, 공간의 콘셉트를 알 수 있다. 디자인의 첫 단계가 바로 콘셉트를 정하는 것인데, 모델하우스는 콘셉트가 명확하다. 콘셉트는 공간 전체를 지배하는 중요한 요소로 통일성을 가져야 한다. 블랙 앤 화이트 톤의 모던한 스타일과 내추럴, 세미클래식 등이 대표적인 모델하우스 콘셉트라고 할 수 있다.

셋째, 마감재를 보고 만져 볼 수 있다. 모델하우스의 모든 내부 마감재는 온전한 상태로 마감 처리되어 있다. 마루, 벽지, 필름, 인조석 등이 샘플 형태로 시공된 것이 아니라 제품의 원래 형태가 그대로 붙어 있다. 특히 타일의 경우 특유의 패턴이 있는데, 그런 형태가 온장으로 제대로 붙여진 걸 볼 수 있고 직접 만져 볼 수도 있다. 마감재를 고를 때는 컬러도 중요하지만 재질도 중요하다. 잡지나 인터넷 사이트에서 보는 것만으로는 재질을 제대로 알 수 없다. 오로지 직접 만져봐야 알 수 있는 것이다. 모델하우스는 그게 가능하다.

넷째, 건설사의 기술력을 볼 수 있다. 자체적으로 기획한 스마트 월패드나 IOT 기술들을 모델하우스에 적용하는 경우가 많은데, 이런

집값 높여도 잘 팔리는 부동산 인테리어

최신 기기들을 직접 체험해 볼 수 있다. 그러면서 본인의 눈높이를 올릴 수 있다. 또한 몰테니, 다다와 같은 이태리 고급 가구들을 모델하우스에 전시해 놓고 유상 옵션으로 판매하는 경우가 있어 수준 높은 수입 가구를 볼 수 있는 좋은 기회가 되기도 한다.

좋은 모델하우스란

그럼 어떤 모델하우스를 벤치마킹해야 할까? 그냥 아무 모델하우스나 따라 하면 될까? 그건 아니다. 1년에도 수백 개가 넘는 모델하우스가 쏟아지는데, 그중에는 좋은 상품도 있고 그렇지 못한 상품도 있다.

좋은 모델하우스란 다수의 사람이 만족할 만한 콘셉트와 좁은 공간을 넓게 보일 수 있도록 하는 컬러 밸런스, 그리고 공간의 요소요소가 자연스럽게 이어지는 디자인 아이덴티티를 가져야 한다. 이런 여러 요소가 잘 갖춰진 모델하우스가 좋은 인테리어인 것이고, 곧 우리가 벤치마킹해야 할 대상이다.

필자는 '강동에코포레 84m² B형(2017년, 대림건설)'을 그러한 사례로 꼽고 싶다. 모델하우스를 보는 순간, 인테리어 콘셉트가 명확하고 공간을 이루는 컬러의 조합이 매우 규격화되었다는 생각이 들었다.

그래서 지금부터는 강동에코포레 84m² B형이 어떤 디자인 원리와 공식을 가지고 인테리어 되었는지 알려 주려고 한다. 인테리어 디자인을 이렇게 똑같이 하라는 게 아니다. 필자가 설명하는 인테리어 기법을 활용해서 본인만의 스타일을 담은 공간으로 재탄생시키면 되는 것이다. 이 점을 꼭 유념하길 바란다.

모델하우스의 공간별 인테리어 공식

　우리가 생활하는 주택은 크게 현관, 거실, 주방, 침실, 욕실, 발코니 6개의 공간으로 분류할 수 있다(평형이 커지거나 혹은 같은 면적이라도 평면의 형태에 따라 공간에 부여하는 이름은 다소 다를 수 있다).

　그중 거실에는 복도가 포함되어 있고 침실은 드레스룸, 서재, 가족실 등을 포함한다. 욕실에는 공용 욕실과 부부 욕실이 있고, 발코니에는 보조 주방, 실외기실, 대피 공간이 포함된다.

· 주거시설의 6가지 공간 분류 ·

그럼 각 공간들은 어떤 역할을 하는가?

우선 현관은 집의 얼굴이다. 가장 먼저 만나는 곳이자, 또 가장 나중에 헤어지는 곳이기도 하다. 현관에는 신발장이나 팬트리장이 있는데, 신발장에는 신발과 우산 등을 수납할 수 있고 팬트리장에는 부피가 큰 물건이나 스포츠 용품 등을 수납할 수 있다.

현관을 지나면 복도와 거실이 있다. 거실은 가족 구성원들이 가장 많이 머무르는 곳으로 주택의 중심이 되는 공간이다. 그래서 대부분 주택의 가장 중앙에 위치하며 면적도 가장 넓다. 판상형 구조에서는 복도를 사이에 두고 서로 대면하고 있고, 타워형의 경우에는 복도 없이 바로 이어진 경우가 많다.

거실과 이어지는 곳에는 보통 주방이 위치한다. 주방은 주택에서 가장 중요한 공간 중 하나로 음식을 준비하고 가족이 같이 식사를 할 수 있어 거실과 마찬가지로 집의 집합소 역할을 한다.

침실은 프라이버시한 공간이다. 부부와 두 자녀가 거주하는 가정을 예로 들면, 보통은 가장 큰 안방에 부부가 생활하고 나머지 두 개의 침실에 자녀들이 거주한다.

부부 침실에는 평형의 크기에 따라서 드레스룸과 서재, 가족실 등이 포함될 수 있는데 일반적인 30평형대에서는 기본적으로 드레스룸만 제공되며, 드레스룸에는 파우더장이 포함된다. 파우더장은 소위 화장대라고 불리는 곳인데, 드레스룸과 세트처럼 같이 구성되는 공간이다. 드레스룸에는 옷을 수납할 수 있는 장이 설치되며, 보통 붙박이장과 시스템 가구가 있다.

두 제품은 장단점이 있지만, 건설사에서는 일반적으로 붙박이장보다 시스템 가구를 더 선호한다. 가장 큰 이유는 붙박이장보다 시스템 가구의 가격이 저렴하기 때문이다.

　욕실은 급수시설이 있는 곳으로 대개 공용 욕실에는 욕조가, 부부 욕실에는 샤워부스가 있는 경우가 많다. 벽체와 바닥의 마감재가 모두 타일로 되어 있고 천장은 ABS, SMC, PVC 등의 제품이 설치되며 양변기, 세면기, 수전류와 액세서리 등이 있다. 통상적으로 건설사에서 설계하는 면적은 안목치수 기준으로 1.5m×2.0m 정도가 표준이며, 용도상 방수, 방습, 방로를 고려해야 한다.

　끝으로 발코니에는 보조 주방, 실외기실, 대피 공간 등이 포함된다. 우선 보조 주방은 다용도실이라고 부르기도 하며, 이 공간에는 세탁기와 보일러가 있다. 세탁기의 오버플로우 때문에 단이 높게 올라와 있다. 단을 괜히 높이는 게 아니다. 그 외 에어컨의 실외기가 놓이는 실외기실과 화재를 포함한 유사시에 대피할 수 있도록 설계된 대피 공간이 있다.

　지금부터는 실제로 분양됐던 모델하우스를 사례로 건설사에서 인테리어를 어떤 식으로 풀어내는지를 설명해 보려고 한다. 인테리어를 함에 있어 모델하우스가 중요한 이유에 대해서는 앞에서도 충분히 설명했지만, 다시 한번 강조하자면 모델하우스를 잘 벤치마킹하면 인테리어를 잘할 수 있기 때문이다.

　그럼 디자인의 출발점이 되는 주방부터 살펴보자.

주방

강동에코포레의 주방은 상부장·키큰장은 화이트, 하부장은 상부장보다 짙은 컬러를 사용해 안정감을 주었다. 그리고 좌측 오픈 선반장의 포인트 컬러는 목대 손잡이의 컬러와 통일시켜 디자인 아이덴티티를 줬고, 가구 표면 마감재는 요즈음 트렌드인 무광택 소재를 사용했다.

또한 주방 상판은 미드웨이와 동일하게 적용해 고급스럽게 연출했고, 바닥은 밝은 메이플 컬러, 천장도 화이트 벽지로 마감해 전반적으로 심플하지만 세련되게 디자인했다.

• 강동에코포레 84㎡ 주방 •

모델하우스에는 분양가에 포함되는 것과 포함되지 않는 품목이 있는데, 포함되지 않는 물품들을 전시용 디스플레이 제품이라고 한다. 해당 이미지에서 디스플레이 제품은 식탁과 의자 그리고 와인 병과 각종 그릇, 술잔 등이다.

최근 주방 인테리어는 기능성과 디자인을 모두 고려한 실용적이고 미니멀한 스타일이 대세다. 상부장은 화이트 등의 밝은 컬러로, 하부장은 우드 톤이나 짙은 컬러로 구성해 안정감을 주는 배색이 선호된다.

가구 표면에는 무광택 마감재를 적용해 고급스러움과 실용성을 더하고, 상판과 미드웨이에 동일한 소재를 사용해 공간의 통일성을 강조하는 방식도 인기다. 특히 내구성과 방수성이 뛰어난 세라믹 상판은 고급스러움을 원하는 소비자에게 많은 사랑을 받고 있다.

조명은 길고 얇은 매립형 마그네틱 조명과 간접조명을 활용해 깔끔한 느낌을 주면서도 작업 효율성을 높이고, 바닥은 밝은 톤이나 차분한 컬러로 마감해 공간을 세련되게 연출한다.

· 실제 적용 사례 ·

 남 대표의 **인테리어 깨알 TIP**

트렌드는 대면형 주방
최근 주방 인테리어에서 대면형 주방이 많은 인기를 얻고 있다. 대면형 주방은 조리 공간이 거실을 향하도록 설계된 구조로, 요리 중에도 자연스럽게 대화를 이어 갈 수 있어 가족 간 소통을 원활하게 하는 것이 가장 큰 장점이다.

집값 높여도 잘 팔리는 부동산 인테리어

이 구조에서 주방은 단순히 요리를 위한 공간을 넘어, 가족 및 손님과 함께하는 커뮤니케이션 허브의 역할을 한다.

대면형 주방은 시각적으로 개방감이 커서 공간이 넓어 보이는 효과가 있고, 거실과 주방의 경계를 허물어서 현대적인 라이프스타일에 맞는 자유롭고 유기적인 공간 구성이 가능하다. 어린 자녀를 둔 가정에서는 부모가 주방에서 요리하며 거실에 있는 아이를 돌볼 수 있어 실용적이다.

하지만 이러한 장점 뒤에는 반드시 고려해야 할 단점도 있다. 첫 번째는 주방 청결 상태가 바로 노출된다는 점이다. 대면형 주방에서는 조리 및 설거지 과정에서 발생하는 지저분한 모습이 거실에서 그대로 보이기에 깔끔함을 유지하려는 노력이 필요하다.

두 번째는 냄새와 연기의 확산 문제다. 주방에서 조리 중 발생하는 음식 냄새와 연기가 거실로 퍼질 가능성이 높아 효과적인 환기 시스템을 갖추는 것이 필수적이다. 강력한 흡입력을 가진 레인지 후드를 비롯해 공기 순환을 원활하게 하는 설계가 요구된다.

세 번째는 수납공간이 부족할 수 있다는 점이다. 개방형 구조로 인해 상부장을 배치하기 어렵다면 하부장이나 별도의 수납공간을 추가로 마련해야 한다. 이는 디자인적인 감각과 실용성 사이의 균형을 맞출 때 중요하게 고려해야 할 요소다.

대면형 주방은 단순히 주방의 형태를 바꾸는 것이 아니라, 주거 공간의 활용도를 높이고 가족 간의 소통과 라이프스타일의 질을 향상시키는 중요한 요소로 자리 잡고 있다. 따라서 대면형 주방을 계획할 때는 이 구조의 장점을 최대한 살리면서 단점을 보완할 수 있는 설계와 시공이 중요하다.

· 대면형 주방 ·

거실

이번에는 거실을 살펴보자. 왠지 주방에서 사용했던 컬러 톤들과 비슷하지 않은가? 천장지와 바닥마루는 당연히 주방의 천장·바닥과 동일한 마감이고, 거실의 PL 창호 표면재 또한 주방과 동일하다. 또 아트월은 그레이 컬러의 타일을 사용하고, 소파 뒷벽도 옅은 브라운 컬러의 벽지로 마감했다.

· 강동에코포레 84㎡ 거실 ·

왜 이런 컬러를 선택한 것일까?

주방, 거실, 침실, 현관, 욕실 등은 각각 독립된 공간이지만 결국 모여서 하나의 완성된 집을 만든다. 즉 모든 공간이 유기적으로 연결되어 있다는 것이다. 따라서 공간을 디자인할 때는 한곳만 보지 않아야 한다.

집값 높여도 잘 팔리는 부동산 인테리어

• 주방과 거실의 디자인 아이덴티티 •

그래서 인테리어를 할 때는 부분 부분을 따로 디자인하는 게 아니라 전체적으로 이어질 수 있도록 아이덴티티를 가져야 한다. 아트월 컬러와 소파 뒷벽의 컬러가 저런 색이 나온 이유는 바로 주방 하부장 컬러의 영향 때문이다.

어떤가? 단순히 아트월과 소파 뒷벽의 컬러만 봤을 때는 생뚱맞을 수 있지만 확장된 시선으로 전체적인 공간을 바라보면, 주방에서 시작한 하부장의 컬러가 요소요소에 적절히 반영됐다. 또 커튼, 카펫, 쿠션 같은 패브릭류와 소파, 테이블, 화분 같은 소품들의 컬러 매치가 자연스럽다. 이것이 디자인 아이덴티티인 것이다. 공간을 디자인할 때는 항상 이 점을 명심해야 한다.

거실에서는 추가로 고려할 사항이 두 가지 더 있는데, 바로 천장과 아트월이다.

· **천장**

천장에는 다음 사진의 빨간색으로 표시되어 있는 부분처럼 기존 천장보다 조금 올라가 있는 천장들이 있다. 저런 형태를 실무에서는

우물처럼 들어가 있다고 해서 '우물천장'이라고 한다.

거실에서 우물천장은 2가지 역할을 하는데, 첫 번째는 공간의 확장이다. 일반적인 분양 아파트는 바닥 마감에서 천장까지의 높이가 2.3m이다. 하지만 우물천장을 만듦으로서 천장 높이(천고)를 더 높아보이게 할 수 있다. 아파트 슬라브 높이의 한계와 천장 위로 지나가는 배관들로 인해 무작정 올릴 수는 없지만, 보통 10cm 정도만 올리더라도 훨씬 개방감을 준다.

그리고 또 하나의 역할은 고급스러움이다. 우물천장이 있는 것과 없는 것은 느낌이 다르다. 없는 천장은 밋밋해 보인다는 표현이 맞을 것이다.

그래서 인테리어를 계획하는 집에 우물천장이 있다면 다행이지만, 없을 경우에는 시공을 고려해 보는 것도 좋다. 다만, 우물천장을 만들기 위해서는 목공 작업자가 단 조성 작업을 해야 하기 때문에 인건비와 자재비의 상승은 감안해야 한다.

그리고 우물천장 간접조명이라는 게 있다. 요즈음 건설사에서는 잘 하지 않지만, 불과 몇 년 전까지만 하더라도 우물천장에 간접조명은 기본이었다.

우물천장에 간접 등박스를 만들어 조명을 넣어야 하므로 가격이

올라가고, 그러다 보니 원가 부담으로 인해 서서히 빠지게 됐는데 개인적으로는 좋아하는 디자인이다.

조명을 어떤 걸 사용하느냐에 따라 좀 다르긴 하지만, 특히 디밍 Dimming이 되는 제품은 분위기를 연출하는 데 그만이다.

남 대표의 인테리어 깨알 TIP

· 우물천장 판상형(좌), 타워형(우) ·

· 아트월

아트월은 공간을 좀 더 돋보이게 하기 위해 만드는 포인트 벽으로, 주택에서는 주로 TV가 설치되는 거실 벽이 이에 해당된다.

아트월을 구성하는 마감재의 종류는 다양하지만, 일반적으로 건설사에서 분양하는 아파트는 대부분 타일로 마감된다. 예전에는 벽

· 거실 아트월 ·

집값 높여도 잘 팔리는 부동산 인테리어

지, 필름, 패브릭 알판 등을 많이 사용했지만 요즈음 추세는 타일이다.

타일을 사용할 때는 몇 가지를 고려해야 한다. 첫 번째가 사이즈인데, 사이즈란 타일의 규격을 말한다. 예를 들어 '100mm×100mm'는 타일의 가로와 세로의 길이가 각각 100mm라는 뜻이다.

아트월 용도로 정해진 사이즈는 없지만, 건설회사에서는 400mm×800mm를 많이 사용한다. 과거에는 300mm×600mm, 600mm×600mm도 많이 사용했지만, 600mm보다는 800mm가 좀 더 와이드wide하게 보이는 효과가 있기 때문에 점점 줄어드는 추세다.

• 타일 규격 400mm×800mm를 사용한 거실 아트월 •

타일 붙이기

그럼 타일은 어떻게 붙이는 게 좋을까? 똑같은 타일이라고 하더라도 붙이는 방법에 따라 느낌이 많이 달라진다. 기본 사이즈의 타일 한 장을 실무에서는 '온장 타일'이라고 하고 온장 타일을 잘라낸 것을

• 타일 랜덤 붙이기 방식으로 작업한 거실 아트월 •

커팅 타일
(200×600)

온장 타일
(600×600)

커팅 타일
(100×600)

'커팅 타일'이라고 하는데, 예전에는 온장 타일과 커팅 타일을 섞어서 랜덤random 방식으로 붙이기도 했다.

그런데 이런 랜덤 방식은 아파트 공사 현장에서 타일 작업자가 모델하우스와 다르게 시공하는 경우가 생기기도 하고, 온장 타일을 자르면서 추가 커팅 비용이 발생하는 등 여러 문제가 불거지면서 서서히 사라지게 되었다.

그럼 요즈음은 어떤 방식을 많이 사용할까? 대세는 심플함이다. 커팅 타일을 최대한 줄이고 간결하게 표현한다. 대표적인 방식이 정 쌓기와 벽돌 쌓기이다.

우선, 정 쌓기는 말 그대로 타일을 나란히 일자로 놓고 정正으로 붙이는 방식이다.

이때 중요한 것은 타일의 시작점, 즉 스타트 포인트Start Point를 어디에 두느냐이다. 타일을 붙일 때 시작점이 어디냐에 따라 형태가

집값 높여도 잘 팔리는 부동산 인테리어

바뀔 수 있는데 S/P는 일반적으로 눈에 가장 잘 띄는 곳에 위치한다. 그래야만 시선이 가장 많이 가는 곳에 온장 타일이 예쁘게 붙어 있기 때문이다. 생각해 보라. 만약 S/P가 커튼 쪽에서부터 시작한다면 아트월의 좌측에 온장 타일이 아닌 쪽 타일*이 보일 텐데 얼마나 보기 싫겠는가?

그리고 이런 정 쌓기 시공은 거실의 높이를 쉽게 추측할 수 있게 해 준다.

아래의 사진을 보면 세로로 타일이 몇 장 붙어 있는가? 아랫부분은 가려져서 잘 보이지 않지만 6장이다. 그중 5장은 온장(400mm)이고, 1장은 크기의 비율로 보아 300mm 정도 돼 보인다. 그럼 자연스럽게 거실의 높이가 2,300mm인 걸 알아낼 수 있다.

· **타일 정 쌓기 방식으로 작업한 거실 아트월** ·

---

* 쪽 타일이란 온장 타일을 붙이고 남는 공간의 벽이나 바닥에 커팅해서 붙이는 타일을 일컫는 현장 용어다.

앞으로는 모델하우스에서 아트월 타일만 보고도 천장 높이를 알아내는 신기한 경험을 할 수 있을 것이다.

두 번째는 벽돌 쌓기다. 벽돌을 쌓을 때의 모양과 비슷하다고 해서 벽돌 쌓기 방식이라고 부르는 것이다. 이는 정 쌓기와 딱 한 가지가 다르다.

S/P에서 온장 타일로 시공하는 건 정 쌓기와 동일하지만, 세로로 엇갈리게 붙인 다음 커팅(400mm×400mm) 타일을 사용해서 온장 타일과 커팅 타일을 번갈아 붙이는 방식이다.

· 벽돌 쌓기 방식으로 작업한 거실 아트월 ·

그러면 자연스럽게 벽돌 쌓기가 가능해진다. 정 쌓기가 다소 심심하다고 생각된다면 벽돌 쌓기 방식을 추천한다. 단, 여기서 주의해야할 게 있다. 그건 바로 타일이 가지는 고유 문양(무늬), 즉 패턴이 강하고 요란한 것은 피하는 게 좋다. 왜냐하면 샘플로 한 장씩 볼 때는 인식하지 못하지만, 다 붙여 놓고 보면 못난이가 되는 경우가 90% 이상

집값 높여도 잘 팔리는 부동산 인테리어

이기 때문이다. 이는 타일의 패턴이 강해서이다.

그래서 타일을 고를 때 패턴이 강하지 않고 솔리드solid한 느낌의 타일을 선택한다면 실패할 확률을 줄일 수 있다. 만약 패턴 있는 타일을 포기할 수 없다면, 시공 과정에서 타일의 배치를 특히 신경 써야 한다. 현장에서 타일을 붙일 때 패턴이 자연스럽게 이어지도록 선별하고 배열하면 복잡하거나 어수선한 느낌을 방지할 수 있다. 이 과정은 단순히 타일을 시공하는 것을 넘어, 인테리어의 완성도를 높이는 중요한 요소가 된다.

최근 인테리어 시장에서는 거실 아트월 타일의 대형화가 뚜렷한 트렌드로 자리 잡고 있다. 기존에는 주로 600mm×1,200mm 크기의 대형 타일이 사용되었는데, 지금은 높이 2,400mm에 이르는 거대한 크기의 세라믹 타일도 많이 쓰이고 있다.

대형 타일의 가장 큰 장점은 줄눈 수를 줄여서 시각적으로 깔끔하고 세련된 느낌을 준다는 점이다. 또한, 타일이 큰 면적을 차지함으로써 공간이 한층 더 넓어 보이는 효과를 제공한다. 내구성이 뛰어나 유지 및 관리가 쉽고, 다양한 디자인과 패턴을 통해 고급스러운 분위기를 연출할 수 있다는 점도 많은 소비자에게 선택받는 이유다.

그러나 대형 타일 시공에는 몇 가지 주의할 점이 있다. 타일의 크기와 무게로 인해 시공이 까다롭고, 벽면에 부착할 때 정확한 수평과 수직을 유지해야 한다. 접착제 선택과 시공 과정에서의 세심한 관리가 필수적이며, 잘못된 시공 시 보수 및 교체가 어렵고 추가 비용이 발생할 수 있다. 더불어 대형 타일은 가격이 비교적 높아 예산 계획을 세울 때 신중한 검토가 필요하다.

따라서 거실 아트월에 대형 타일을 적용하려면 공간의 특성과 예산을 종합적으로 검토하고, 전문가의 조언을 받아 시공 계획을 세우는 것이 가장 바람직하다.

· 대형 타일을 시공한 거실 아트월 ·

앞으로 아트월을 타일로 계획한다면 타일의 사이즈와 패턴, 그리고 붙이는 방법, 이 3가지는 반드시 기억하라.

지인들이 인테리어를 새로 했다고 집에 초대하는 경우가 있다. 집들이를 하게 되면 자연스럽게 거실에서 대화를 가장 많이 하게 되는데, 이때 시공된 아트월을 보면서 가끔 안타까울 때가 있다.

디자인이 심플하지 못할 때가 많기 때문이다. 아트월의 양쪽 끝에 패널을 설치하거나 그런 형태로 틀을 만들고 중앙에 다른 마감재를 붙이는 방법인데, 흔히들 '액자식 아트월'이라고 표현한다. 이 방법은 틀에 갇힌 것처럼 딱딱하고 구닥다리 같으며 트렌디하지 못하다.

인테리어 공사 시 정확한 의사 표현을 하지 않으면 업자들이 본인

들 편한 방식으로 그냥 이렇게 해 버리는 경우가 많다. 그러면 안타까운 결과가 나올 수 있으니 특히 유의해야 한다.

물론 디자인은 개인의 취향이기 때문에 정답이 없다. 필자가 아무리 얘기해도 본인이 예쁘면 그만인 것이다. 하지만 이왕 하는 인테리어라면 나도 좋고 남도 좋은 디자인이 굿 디자인이 아닐까? 너무 본인의 생각만 고집하지 말고 눈과 귀를 열어 보자.

 남 대표의 **인테리어 깨알 TIP**

거실 아트월을 싸게 작업하는 방법

거실 아트월 자재로 보통 타일을 많이 사용한다. 하지만 타일도 종류에 따라 가격대가 천차만별이라 꼼꼼히 따져 보고 선택해야 한다.

타일 자재 비용만 보통 4만 원/㎡이 넘어가는 제품이 많고, 거기에 별도의 시공비 7만 원/㎡을 더하게 되면 대략 단가가 11만 원/㎡ 가까이 소요된다(타일의 시공비 및 자재비는 업체별, 지역별로 다르다). 인테리어 공사 시에 타일로 시공하지 않는 이유 중 하나가 이런 높은 비용 때문이기도 하다.

하지만 이를 간단히 해결할 수 있는 방법이 있다. 동화자연마루에서 나오는 '디자인월'이라는 제품이다.

디자인월은 타일이 아닌 가공된 나무(HDF) 위에 필름(LPM)을 코팅해서 만든 제품이다. 단가가 타일에 비해 저렴하고(6만 6,000원/㎡, 시공비 포함), 퀄리티가 좋다. 거실 아트월의 가로, 세로의 길이를 4m×2.4m로 가정하면(로스 10% 포함) 타일은 116만 1,600원, 디자인월은 70만 원으로 40% 정도 저렴하다. 또 물량이 10㎡가 넘을 경우 동화자연마루 본사에서 직접 시공을 진행한다. 이는 A/S가 가능함을 뜻한다.

· 디자인월로 작업한 거실 아트월 ·

자료: 동화자연마루

현관

현관은 집의 얼굴이다. 외부에서 집에 들어올 때 가장 먼저 마주치는 공간이기도 하고 집을 나설 때 마지막으로 매무새를 점검할 수 있는 장소이기도 하다. 과연 이 공간에는 주방과 이어지는 어떤 디자인 아이덴티티가 있을지 알아보자.

　우선 가장 눈에 띄는 게 현관 좌·우측의 신발장이다. 어디서 많이 보던 컬러 아닌가? 신발장 도어의 화이트 컬러는 주방 상부장 및 키큰장 컬러와 동일한 색상이고, 신발장 손잡이 또한 주방 장식장 및 손잡이와 동일하다.

　주방 가구의 컬러를 현관에도 그대로 적용한 것이다. 또한 현관 디딤석(강화천연석)과 바닥타일도 유사 계열의 컬러를 사용해서 전체적으로 안정감 있고 자연스럽게 연출했다.

　디자인은 주방에서 시작됐지만 거실을 거쳐 현관에 이르기까지 일관된 컬러 밸런스를 통해 디자인 아이덴티티를 가지는 것이다. 이는 아무리 강조해도 지나침이 없다.

· 주방과 현관의 디자인 아이덴티티 ·

상부장&키큰장
KCC PDE01
(PET)

장식장&손잡이
KCC PDE05
(PET)

현관의 인테리어 공식

건설사에서는 현관을 계획할 때 몇 가지 공식을 가지고 디자인한다. 이러한 방법은 모델하우스뿐만 아니라 개별 인테리어 공사 시에도 적용하면 좋다.

· 현관 디자인 공식 ·

① **현관 바닥:** 낙상 사고를 예방하기 위해 폴리싱 타일보다는 논슬립None slip 기능이 있는 포세린 타일을 쓴다. 그리고 바닥이 더 넓어 보일 수 있도록 비교적 밝은 타일을 사용하는데, 밝은 톤의 타일은 자연광 및 조명과 어우러져 현관을 환하고 쾌적해 보이게 하는 장점이 있다. 그러나 신발을 신고 드나드는 공간의 특성상 유지·관리가 중요하기 때문에 실용성에 좀 더 비중을 둔다면 그레이쉬한 톤의 타일을 추천한다. 그레이쉬한 타일은 오염과 흠집이 잘 드러나지 않아

집값 높여도 잘 팔리는 부동산 인테리어

관리가 용이하다.

사이즈는 600mm×600mm가 좋다. 왜 600mm일까? 그건 일반적으로 현관 폭이 1,200mm이기 때문이다. 600mm보다 작거나 큰 사이즈를 사용하면 줄눈의 모양이 어중간해지는 데 반해 600mm는 바닥의 중앙을 2등분으로 나눌 수 있어 미관상 보기에 좋다. 최근에는 이마저의 줄눈도 줄이기 위해 더 큰 600mm×1,200mm 사이즈의 타일을 사용하기도 한다.

· 600mm×600mm 타일을 사용한 현관 바닥 ·

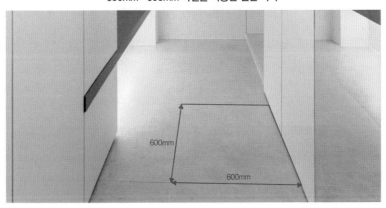

· 600mm×1,200mm 타일을 사용한 현관 바닥 ·

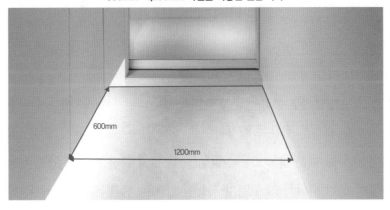

덧붙여 S/P는 현관문을 열고 들어올 때 가장 많이 보이는 곳으로 정한다.

② **현관 디딤판:** 현관의 단 높임과 동시에 마루와의 재료 분리 역할을 위해 설치한다. 천연석 느낌의 고급스러운 강화천연석을 적용하기도 하지만, 최근에는 바닥타일을 디딤석까지 마감해서 좁은 현관을 좀 더 개방감 있게 연출하는 경우가 많다. 디딤석과 바닥타일의 경계를 없애는 방식은 시각적인 연속성을 강조해 공간을 더욱 넓어 보이게 한다. 다만, 바닥과 디딤석의 높이가 다를 때 같은 마감재를 사용할 경우 단차를 인식하지 못해 낙상 사고가 발생할 수 있으니 안전에 주의해야 한다.

· 현관 디딤판 ·

③ **신발장 하부 수납:** 신발장 하부를 30cm 띄워서 계획한다. 신발장 하부를 띄우는 이유는 일상적으로 사용하는 신발을 놓아 둘 수 있다는 장점 때문이다. 또한 신발장 문을 열었을 때 바닥에 있는 신발들이 쓸려 다니지 않게 하기 위함인데, 이는 현관 폭이 좁을수록 더

집값 높여도 잘 팔리는 부동산 인테리어

심해진다. 개별 인테리어 공사 시에 필히 떼울 것을 권한다.

④ **신발장 거울:** 집을 나서기 전 매무새를 확인할 수 있도록 전신 거울을 설치한다. 이때 거울은 은경보다는 약간의 브론즈경이 좀 더 고급스러워 보인다.

⑤ **현관 천장:** 과거에는 현관 천장 조명으로 원형 또는 사각 센서 등을 주로 사용했으나, 최근에는 동체 감지기와 조명을 분리한 매입 등이나 원통 직부등처럼 미적으로 우수한 디자인이 점점 선호되고 있다. 기능성을 유지하면서도 공간을 깔끔하고 세련되게 연출하는 데 초점이 맞춰지고 있는 것이다. 디자인적인 요소를 강조하기 위해 조명을 천장 정중앙에 배치하지 않고 측면에 설치하는 경우도 있는데, 이는 조명의 비대칭적인 배치를 통해 공간에 독특한 포인트를 주는 동시에 실용성과 개성을 모두 만족시키는 연출 방식이다.

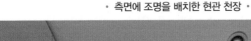
· 측면에 조명을 배치한 현관 천장 ·

이것들은 필자가 현직에서 디자인할 때 공식처럼 사용했던 기준이다. 강동에코포레와 비교해서 살펴보도록 하자.

바닥타일은 포세린 타일을 적용했고, 색상은 밝은 아이보리 계열이다. 또 사이즈도 600mm×600mm이다. 현관 디딤석은 강화천연석이다.

· 현관 디딤판 & 바닥 ·

둘 중 한쪽의 신발장 하부를 띄워서 계획했고, 반대쪽 신발장 도어 중 일부를 전신거울로 마감했다. 이것은 에코포레에서도 동일하게 적용되었다.

이런 공식들만 제대로 알고 있어도 인테리어 공사에 대한 부담을 훨씬 덜 수 있을 것이다.

· 신발장 하부 띄움 & 거울 ·

집값 높여도 잘 팔리는 부동산 인테리어

현관 바닥을 인테리어 할 때의 주의점

현관은 신발을 신고 들어오는 공간이기 때문에 바닥의 타일과 줄눈이 쉽게 오염될 수 있다. 따라서 타일을 선택할 때 약간 그레이쉬한 색상을 사용하면 오염이 눈에 덜 띄어 관리가 용이하다. 줄눈 역시 일반적인 백색 대신 타일 색과 비슷한 톤을 선택하면 오염 예방 효과는 물론, 타일과 줄눈이 자연스럽게 어우러져 더욱 깔끔하고 통일감 있는 현관을 연출할 수 있다.

• 타일과 줄눈의 톤을 맞춘 현관 바닥 •

침실

집은 크게 현관, 거실, 주방, 침실, 욕실, 발코니 6개의 공간으로 구분된다고 했다. 그런데 만약 이 6개의 공간을 두 공간으로 다시 구분해야 한다면 어떻게 나눌까? 바로 현관, 거실, 주방과 침실, 욕실, 발코니로 나눌 수 있다. 기준은 독립성이다.

현관, 거실, 주방은 하나의 덩어리이고 끊어짐이 없다. 현관에서 복도를 지나 거실과 주방까지 막힘없이 하나로 연결된 공간이다.

하지만 침실, 욕실, 발코니는 좀 다르다. 바로 문door이라는 게 있다. 이것 때문에 개별적인 독립성을 유지할 수 있는 것이다(현관 중문은 번외로 본다). 그래서 침실은 좀 더 개성적인 공간으로 연출이 가능하다. 거실에 사용했던 컬러보다 짙은 그레이 컬러를 과감하게 사용할 수도 있고, 자녀방은 핑크나 블루 톤의 마감도 어색하지 않다.

그럼에도 불구하고 공통점이 있는데, 그건 바로 예전처럼 큰 패턴의 벽지를 많이 사용하지 않는다는 것이다.

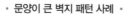

• 문양이 큰 벽지 패턴 사례 •

물론 디자인이란 게 정답이 없기 때문에 이런 문양의 꽃무늬 벽지나 기타 여러 형태를 선호하는 사람들이 있을 수는 있다.

하지만 최근 건설사 동향이나 트렌드를 조사해 보면 대부분 '무지無地' 스타일의 벽지가 대세다. 여기서 무지 스타일이란 특별한 무늬 없이 전체가 한 가지 색으로 연출된 것을 말하는데, 그러다 보니 침실을 하나의 컬러로 통일하고 필요에 따라 포인트 컬러로 연출하는 방법을 흔히 사용한다.

에코포레의 안방(부부 침실)도 마찬가지 방법을 적용했다. 침실을 구성하는 메인 벽지는 옅은 아이보리 컬러로 계획하고 반대쪽 한 면

집값 높여도 잘 팔리는 부동산 인테리어

을 포인트로 연출했다. 이런 포인트 컬러가 나오게 된 배경은 여태껏 줄곧 설명해 왔던 것과 마찬가지로 주방 가구 하부장 컬러가 거실 아트월과 소파 뒷벽에 영향을 준 것과 같은 개념이다. 다만 이렇게 한 면만 포인트 컬러를 사용할 때는 주의해야 할 점이 있는데, 무작정 침대 반대쪽이 아니라 향후 가구 배치를 고려해서 결정해야 한다는 것이다.

· 주방과 침실의 디자인 아이덴티티 ·

모델하우스에서는 사진 좌측에 침대가 있지만, 실제로는 포인트 벽지가 있는 우측에 배치될 가능성이 높다. 왜냐하면 일반적으로 드레스룸이 좁을 경우 침대가 있는 곳에 붙박이장을 설치하거나 별도의 가구를 두는 경우가 많기 때문이다.

만약 변경된 이미지와 같이 붙박이장(혹은 별도 가구)이 생기게 되면 자연스럽게 침대의 위치는 우측으로 이동하게 될 것이고, 포인트 벽지는 침대가 있는 벽 쪽에 배치될 수도 있는 것이다. 결론은 애써 바른 포인트 벽지가 가구들로 인해 가려지는 것을 미연에 방지하라는 것이다.

포인트 벽지 선택 요령

인테리어 공사를 위해 벽지를 골라 본 경험이 있는 사람은 한번 쯤 벽지 샘플북Sample Book을 본 적이 있을 것이다. 벽지 샘플북은 말 그대로 벽지들의 샘플을 모아 놓은 것인데, 제조사에 따라 적게는 수십 장 많게는 수백 장에 이를 정도로 종류가 다양하다.

하지만 벽지의 종류가 아무리 많아도 유심히 관찰해 보면 하나의 공통점이 있다. 그것은 같은 패턴에 컬러만 다른 벽지들이 그룹으로 묶여 있는 것인데, 이처럼 같은 그룹으로 묶여 있는 벽지들을 '동일 시리즈'라고 부른다.

포인트 벽지를 선택할 때는 이 동일 시리즈에서 골라야 한다. 같은 패턴에 컬러가 다른 6개의 벽지 그룹이 동일 시리즈인 것이다.

만약 메인 벽지를 연한 그레이 컬러로 선택했다면 포인트 벽지는 동일 시리즈 내에서 좀 더 진한 컬러를 선택해 주면 좋다.

왜 동일 시리즈에서 두 벽지를 선택하는 게 좋을까? 그 이유는, 일반적으로 포인트 벽지는 메인 벽지에 연결되는 경우가 많은데 이때

패턴이 달라지면 이질감을 줄 수 있기 때문이다. 그래서 벽지를 선택할 때는 메인 벽지와 포인트 벽지를 동일 시리즈에서 같이 선택해 주는 것이 좋다.

다음의 두 제품은 필자가 개별 인테리어 공사 시 많이 적용하는 벽지들이다(모두 LG 지인 제품들이다). 차이점은 같은 그레이 계통이긴 하지만, 옐로Yellow가 좀 더 첨가된 웜 그레이Warm Gary 컬러가 따듯한 느낌을 준다.

· 전체가 쿨 그레이Cool Gray인데 포인트는 더 짙게 하고 싶을 때 ·

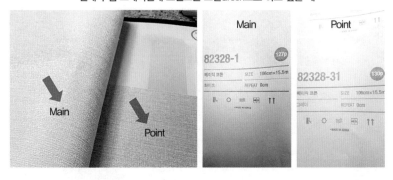

나머지 침실들은 부부 침실처럼 메인과 포인트 벽지를 사용하지 않고 침실 전체를 같은 벽지로 계획해 심플하면서 무난하게 연출했다.

만약 이런 디자인이 너무 밋밋하거나 심심하다고 생각되면 부부 침실과 같은 방법으로 포인트 벽지를 계획해도 된다. 또는 글로벌 마인드를 위해 세계지도가 그려진 뮤럴 벽지를 붙이거나 자녀들의 성장 발달을 돕는 컬러테라피Color Therapy를 적용해 보는 것도 좋다.

보통 채도가 낮고 부드러운 느낌의 파스텔 톤을 사용했을 때 사람들의 만족도가 더 높았다. 참고로 필자는 컬러테라피 벽지를 고를 때 집중력 및 학습 효과를 상승시키는 파란색Blue을 주로 선택하는 편이다.

• 강동에코포레 84㎡ 나머지 침실들 •

집값 높여도 잘 팔리는 부동산 인테리어

욕실

욕실은 되도록 밝게 디자인하는 게 좋다. 왜냐하면 물리적으로 좁은 공간을 넓게 보이도록 하는 효과가 있고, 위생과 관련해서 청결을 유지하기 좋기 때문이다. 그래서 욕실을 구성하는 세면기, 양변기, 천장재 등 대부분의 마감재가 화이트 컬러인 것이다. 다만 벽타일의 경우 너무 밝은 화이트는 오히려 창백한 느낌을 줄 수 있기 때문에 약간의 아이보리 컬러가 가미된 타일이 좋고, 표면 광택은 유광보다는 무광이 좀 더 선호도가 높다.

· 욕실 벽타일(좌), 바닥타일(우) ·

바닥타일은 논슬립 기능이 있는 제품을 사용하되, 벽타일보다 진한 컬러로 계획하면 공간을 좀 더 안정감 있게 연출할 수 있다.

욕실을 디자인하는 방법
욕실 디자인을 할 때는 크게 두 가지 방법이 있는데, 그중 첫 번째는 메인Main 타일과 포인트Point 타일을 섞어 붙이는 방법이다.

임팩트를 주기 위해 붙이는 타일을 포인트 타일, 나머지를 메인 타일이라고 부르는데, 포인트 타일을 욕실의 특정 벽면에 붙여 다양한 변화를 주는 것이다.

아래 좌측 사진은 욕조와 벽 한 면 중간 부분만 포인트 타일을 사용한 경우이고, 우측 사진은 샤워부스 안쪽 한 면 전체를 포인트 타일로 마감한 경우다.

• 욕실 포인트 타일 사례(특정 벽면) •

이뿐만 아니라 벽면 전체의 하부를 모두 포인트 타일로 연출할 수도 있다.

욕실 디자인을 하는 두 번째 방법은 메인 타일과 포인트 타일을 혼용해서 쓰지 않고 한 종류의 타일만을 사용해서 붙이는 방식이다. 주로 호텔 욕실에서 많이 적용하는데, 디자인이 깔끔하고 고급스러운

집값 높여도 잘 팔리는 부동산 인테리어

• 욕실 포인트 타일 사례(벽면 하부 전체) •

• 욕실 포인트 타일 사례(벽면 하부 전체) •

장점이 있다.

　하지만 이렇게 한 종류의 타일만을 사용하게 되면 자칫 밋밋하거나 단순해 보일 수 있다. 이때 천연석 느낌의 패턴 타일을 사용하면 그런 문제를 쉽게 해결할 수 있다.

• 천연석 패턴 타일 적용 사례 •

천연석 느낌의 패턴 타일은 패턴 없이 컬러만 있는 타일보다 좀 더 자연스럽고 고급스러운 연출이 가능하다. 타일의 패턴은 대각선 방향보다는 가로, 혹은 세로 방향으로 있는 것이 좋다. 또한, 타일을 붙이는 방법에 변화를 주는 것도 좋다.

일반적으로 욕실 타일은 정 쌓기가 많은데, 거실 아트월의 벽돌 쌓기 방법을 적용하는 것도 좋다. 특히 욕실 타일은 아트월 타일보다 작은 300mm×600mm 타일을 쓰기 때문에 가로뿐만 아니라 세로 벽돌 쌓기도 가능하다.

· 욕실 벽타일 가로 정 쌓기 방식 ·

· 욕실 벽타일 세로 벽돌 쌓기 방식 ·

집값 높여도 잘 팔리는 부동산 인테리어

그럼 에코포레의 욕실은 어떤 식으로 디자인됐는지 살펴보자.

에코포레의 경우 공용·부부 욕실 둘 다 포인트 타일을 적용하는 방법을 사용했다. 욕조가 있는 공용 욕실에는 욕조의 윗부분만 포인트 타일을 적용했고, 샤워부스가 있는 부부 욕실은 샤워부스 안쪽 한 면만 포인트 타일을 붙였다. 포인트 타일의 컬러를 주방 가구 하부장과 거실, 안방의 포인트 벽지와 같은 계열로 맞춰서 일관성 있는 디자인 아이덴티티를 준 것이다.

• 강동에코포레 84㎡ 공용 욕실(좌), 부부 욕실(우): 주방과 욕실의 디자인 아이덴티티 •

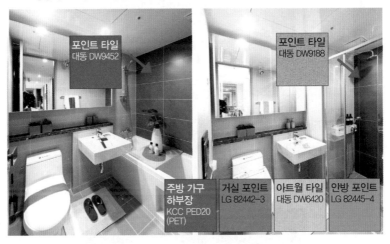

한편, 구축 아파트 욕실 인테리어에서는 대형 타일과 단일 타일의 사용이 두드러진 트렌드로 자리 잡고 있다. 대형 타일을 쓰면 줄눈이 줄어들어 유지 및 관리가 쉽고, 시각적으로 공간이 넓어 보이는 효과를 준다. 또한, 한 가지 타일로 욕실 전체를 디자인하면 통일감과 세련된 분위기를 연출할 수 있어 많은 소비자가 선호한다.

타일의 컬러 선택 역시 변화하고 있다. 단순히 밝은 색상에 국한

되지 않고, 그레이쉬한 톤의 어두운 타일이 점차 인기를 끌고 있다. 이러한 컬러는 오염이나 얼룩이 덜 드러나 실용적일 뿐만 아니라, 공간에 차분하고 고급스러운 분위기를 더한다. 최근에는 한쪽 벽면, 욕실장 하단, 거울 뒤쪽 등에 간접조명을 추가해서 타일과의 조화를 통해 더욱 세련되고 감각적인 욕실을 연출하는 사례도 많아지고 있다.

하지만 이러한 트렌드를 적용할 때 주의할 점도 있다. 대형 타일은 시공 과정에서 바닥 경사를 정확히 맞추는 것이 중요하다. 특히 배수 처리가 필수인 욕실에는 전문적인 시공 기술이 요구된다. 단일 타일 사용은 통일감을 주는 장점이 있지만, 자칫 단조로울 수 있기 때문에 타일의 질감 및 패턴이나 조명 디자인 등을 활용해서 입체감을 더하는 것이 좋다.

결국 욕실 인테리어는 최신 트렌드를 활용하면서도 공간의 특성과 개인의 라이프스타일을 고려한 맞춤형 디자인과 세심한 시공이 무엇보다 중요하다.

· 구축 아파트 욕실 인테리어 트렌드 ·

집값 높여도 잘 팔리는 부동산 인테리어

지금까지 강동에코포레를 기준으로 건설회사에서 어떻게 분양 모델하우스를 디자인하는지, 또 공간별로는 어떤 공식들이 숨어 있는지를 알아봤다.

인테리어는 어렵다. 수학 공식처럼 정답이 있는 게 아니라서 본인 눈에 아무리 예뻐 보여도 다른 사람이 아니라고 생각하면 그냥 아닌 것이 돼 버리기 때문이다. 그래서 모델하우스의 디자인 방법을 벤치마킹해야 하는 것이다. 건설사에서 디자인하는 모델하우스는 고객이 좋아하는 상품이 어떤 것인지를 가장 잘 알고 있다.

인테리어를 잘하기 위해서는 3가지만 기억하자.

효과적인 콘셉트, 조화로운 컬러 밸런스, 일관성 있는 디자인 아이덴티티

그럼 당신도 인테리어 디자인 전문가가 될 수 있다.

남 대표의 인테리어 깨알 TIP

인테리어 효과를 극대화하는 간접조명

간접조명은 단순히 공간을 밝히는 기능을 넘어, 공간의 분위기와 깊이를 극대화할 수 있는 인테리어 요소다. 적절히 배치된 간접조명은 공간을 세련되고 고급스럽게 보이도록 하며, 실용성과 미적 감각을 동시에 충족시킨다. 다양한 공간에서 간접조명을 활용하는 구체적인 방법을 소개한다.

· 신발장 하부 간접조명 ·

신발장을 설치할 때 하부를 살짝 띄운 뒤 간접조명을 배치하면, 현관 바닥에 은은한 빛이 퍼져 깔끔하고 세련된 첫인상을 줄 수 있다. 특히 천장에 설치된 센서등과 연동해서 사람이 현관에 들어올 때 조명이 자동으로 켜지도록 설정하면, 실용성과 미적 감각을 모두 잡을 수 있다. 이러한 디자인은 좁은 현관을 더 넓어 보이게 만드는 효과도 있다.

· 복도와 거실을 잇는 벽체 간접조명 ·

집값 높여도 잘 팔리는 부동산 인테리어

복도와 거실을 연결하는 벽체 상단이나 하단에 간접조명을 설치하면, 단조로울 수 있는 복도에 독특한 포인트를 줄 수 있다. 벽체를 따라 빛이 퍼지면서 공간의 깊이를 강조하고, 복도와 거실의 경계를 자연스럽게 허물어 공간의 연속성을 높인다. 은은한 빛은 눈의 피로를 줄이고, 거실로 이어지는 길목에 부드러운 분위기를 더한다.

· 침실 커튼박스 간접조명 ·

침실의 커튼박스 내부에 간접조명을 설치하면, 빛이 커튼을 통해 부드럽게 확산되며 아늑한 분위기를 연출할 수 있다. 이러한 설계는 침실 특유의 편안함을 극대화하며, 과도한 빛 노출을 줄이면서도 전체적인 조도를 유지한다. 또한, 침실을 좀 더 포근하고 따뜻한 공간으로 만들어 주며 휴식의 질을 높이는 데 큰 기여를 한다.

· 천장 단내림 간접조명 ·

에어컨 설치나 배관 작업을 위해 천장을 단내림한 경우, 이 부분에 간접조명

을 추가하면 공간이 더욱 세련되어 보인다. 빛이 천장에서 부드럽게 아래로 퍼지면서 단내림의 기능적인 요소가 디자인적인 포인트로 바뀐다. 이러한 방식은 천장이 낮아 보이지 않게 하고, 전체적인 공간의 조화로움을 돋보이게 한다.

· 욕실 간접조명 ·

간접조명은 욕실에서도 현대적인 인테리어의 필수 요소로 자리 잡았다. 벽체 한쪽에 간접조명을 설치하면 욕실 공간에 깊이를 더할 수 있고, 거울 뒤나 욕실장 하부에 조명을 배치하면 실용성과 미적 감각을 동시에 잡을 수 있다. 특히 욕실장 하부의 조명은 바닥을 부드럽게 비춰 청소가 용이하도록 돕고, 거울 뒤 조명은 얼굴을 자연스럽게 밝혀 메이크업이나 세안 시 유용하다.

이러한 간접조명의 효과를 극대화하기 위해서는 설치 위치와 빛의 각도를 세심하게 설계해야 한다. 빛이 과도하게 퍼지거나 필요한 곳에 도달하지 않으면 오히려 공간이 어수선해질 수 있다. 또한, 각 공간의 용도에 맞는 색온도와 조도를 선택하는 것이 중요하다.
간접조명은 단순한 조명 이상의 가치를 지닌 디자인 요소다. 각각의 공간에 맞는 간접조명 설계를 통해 실용성과 심미성을 모두 충족시키는 인테리어를 완성해 보자. 간접조명의 활용은 작은 디테일로도 공간의 품격을 높일 수 있는 강력한 도구다.

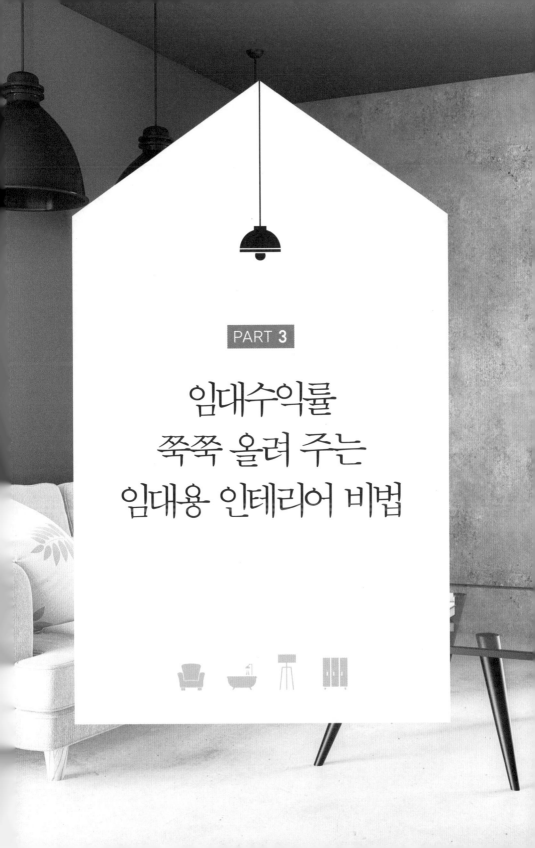

PART 3

임대수익률
쭉쭉 올려 주는
임대용 인테리어 비법

인테리어,
어떻게 하면 돈이 될까

다음 중 어느 스타일이 가장 마음에 드는가?

• 프로방스 스타일(좌) / 북유럽 스타일(가운데) / 인더스트리얼 스타일(우) •

프로방스 스타일은 왠지 클래식하면서도 고급스러운 느낌이 든다. 북유럽 스타일은 프로방스 스타일과 비슷해 보이지만 좀 더 빈티지한 느낌이 강하고 원색의 컬러가 가구와 조화를 잘 이룬다.

개인적으로는 인터스트리얼 스타일을 가장 좋아한다. 노출콘크리트로 된 벽과 천장, 부식 철판과 스테인리스 욕조며 세면기, 양변기까지 이런 날것의 느낌이 좋다. 실거주를 목적으로 인테리어를 한다면 프로방스든, 북유럽이든, 인터스트리얼 디자인이든 아무 상관이 없다. 본인이 살 집이니까 본인이 만족하며 살면 되기 때문이다.

하지만 만약 본인 거주용이 아니라 임대용 인테리어를 하게 되면 어떻게 될까?

나와 임차 계약을 할 대상이 누구인지도 모르는 상태에서 무작정 내가 좋아하는 스타일로만 마감을 해 놓는다면 그만큼 임차인을 구할 수 있는 선택의 폭이 줄어들 수 있다. 내가 맘에 드는 디자인을 상대방은 싫어할 수도 있기 때문이다. 그리고 무엇보다도 이렇게 공사를 하려면 비용이 많이 들어간다. 임대용 인테리어의 핵심은 비용 절감이다. 남들이 싫어할지도 모르는 인테리어를 돈까지 많이 써 가며 할 필요가 없다.

그래서 돈이 되는 인테리어를 하려면, 다음과 같이 해야 한다.

> **내가 좋은 집이 아니라 남이 싫어하지 않는 집을 만들어야 한다.**

인테리어 공사 방법

인테리어 공사는 크게 셀프 공사, 도급(외주) 공사, 직영 공사 3가지 방법으로 분류할 수 있다. 각 공사 방법마다 장단점이 있기 때문에 효과적인 인테리어를 하기 위해서는 3가지 방법 모두를 상황에 맞춰 적절하게 사용할 필요가 있다.

· 셀프 공사

말 그대로 본인이 직접 하는 공사다. 요즘음 셀프 시장이 엄청나게 커지고 있다 보니 많은 사람이 도전한다. 외부 창호부터 배관설비

집값 높여도 잘 팔리는 부동산 인테리어

공사까지 셀프로 하는 사람들도 봤다. 근데 가끔 이런 생각이 든다. 셀프 공사 마니아들은 인건비를 아끼려고 하는 것일까? 아니면 정말 좋아서 하는 것일까? 필자가 생각하는 셀프 공사의 핵심은 '가성비를 높이는 것'이다.

인테리어는 반드시 본인이 해야 하는 것이 아니다. 그럼에도 불구하고 인테리어를 하는 이유는 좀 더 높은 가격에 집을 매도하거나 혹은 임대하기 위함이다. 물론 집을 예쁘게 꾸며서 살고 싶은 이유도 있다. 그 말은 예쁘게 잘해야 된다는 뜻이다.

하지만 셀프 공사는 퀄리티가 많이 떨어질 수 있다. 일반인이 아무리 잘했다 하더라도 20~30년 경력의 전문업자와는 수준 자체가 다르다. 그리고 많이 힘들 수 있다. 혼자서 욕실 타일을 붙여 보겠다고 부자재 및 장비를 구입해서 한 번도 해 보지 않은 타일 시공을 하느라 낑낑댄다. 하지만 의욕이 과했는지 공사 도중 손을 다치게 되고 일은 진척도 없이 시간만 흘러가다 결국 업자에게 의뢰해서 애써 붙여 놓은 타일을 모두 철거하고 처음부터 다시 한다. 몸은 몸대로 상하고, 시간은 시간대로 지나가고, 돈은 돈대로 깨지는 경우다. 과유불급이다.

셀프 공사는 정말 효율적으로 진행해야 한다. 가격 대비 효과가 확실한, 가성비가 높은 공사를 해야 한다. 인테리어 공정 중에서 그런 효과를 확실히 낼 수 있는 공사는 몇 가지로 정해져 있는데, 이 부분은 「4장. 돈 되는 인테리어, 혼자서도 할 수 있다」에서 자세히 배워 보자.

· 도급 공사

인테리어 일체를 종합 시공업자에게 턴 키Turn key로 의뢰해서 진행하는 공사 방법이다. 인테리어 공사를 처음 진행해 보는 사람들이 많이 선택하는 방법으로 디자인 설계부터 마감재 선정, 현장 감리까지 모든 일을 인테리어 업체가 일괄적으로 처리해 주기 때문에 의뢰하는 사람 입장에서는 정말 편하다. 그리고 무엇보다 A/S가 가능하다.

하지만 도급 공사가 항상 좋고 편하게 진행되는 건 아니다. 일을 맡겨 놓고 공사가 잘되고 있는지 확인하기 위해 현장을 방문하면 협의했던 마감재가 아닌 다른 걸 붙여 놓은 경우도 있고, 이런저런 이유를 대며 일정을 계속 연기하는 경우도 있다. 심지어 공사했던 업체가 망해서 A/S조차 받을 수 없게 되는 경우도 있다. 이럴 때는 참 난감하다. 그래서 공사를 진행하기 전에 충분히 협의하고 견적서도 꼼꼼히 확인하는 게 중요하다.

그리고 무엇보다 불편한 건 도급 공사는 가격이 비싸다는 것이다. 특히 인테리어를 처음 하는 사람들은 공사비에 대한 정확한 지식이 없다 보니 몇 군데 견적을 받아 보고, 그중 가장 싼 업체와 계약하는 경우가 대부분이다. 하지만 이마저도 어떤 기준에서 견적이 나오게 됐는지를 모르기 때문에 공사를 진행하면서 추가 비용이 계속 발생할 확률이 높다. 때문에 도급 공사는 직영 공사를 베이스로 해야만 보다 효과적으로 진행할 수 있다.

· 직영 공사

시공업자에게 전체적으로 의뢰하지 않고 자력으로 자재, 노무자,

집값 높여도 잘 팔리는 부동산 인테리어

기계 설비 등을 조달해서 공사하는 방법이다. 즉 본인이 직접 자재도 구매하고, 작업자도 섭외하고, 공정 관리부터 현장 감리까지 다 하는 것이다. 물론 도급 공사와 비교해서 모든 게 어렵고 힘들다. 특히 인테리어를 단 한 번도 해 보지 않은 사람이 시도하기에는 막막할 수 있다. 일단 어떤 것부터 먼저 해야 하는지조차 모른다. 공사를 어디까지 해야 하는지, 견적은 어떻게 받는 건지, 작업자는 어떻게 구하는지, 현장은 어떻게 관리해야 하는 건지……. 솔직히 막막할 수밖에 없다. 더군다나 시간이 촉박할 경우에는 상황이 더더욱 심각해진다.

· 도급 공사와 직영 공사의 비교 ·

	도급 공사	직영 공사
업체 선정 및 계약	비교적 쉬움	어려움
설계 및 디자인	업체	본인
마감재 선정	업체를 통한 일괄 협의	공정별 직접 선정
공사 견적	일괄 견적	공정별 개별 견적
현장 감리 및 공정 관리	업체	본인
대금 지급 조건	계약금 + 중도금 + 잔금	공정별 지급
A/S	가능(하자이행증권)	어려움
공사비	많다	적다

하지만 직영 공사의 가장 큰 장점은(그 장점이 앞서 언급한 어려움들을 모두 덮을 수 있다) 바로 공사비를 절감할 수 있다는 것이다.

앞서 설명한 것처럼, 필자는 무료로 인테리어 프로젝트를 진행한 적이 있었다. 이른바 '막퍼줘 프로젝트'였는데, 이 프로젝트를 통해 많

은 사람들이 직영 공사의 혜택을 볼 수 있었다.

위의 사진은 막퍼줘 프로젝트를 통해 진행했던 마포에 있는 15년 된 84m² 아파트다. 결혼을 앞둔 예비 부부가 신청했는데 거실, 침실, 발코니 등 집 안 곳곳에 곰팡이가 피어 있었다. 게다가 PL 창호와 몰딩, 걸레받이들이 요즘 분위기와 어울리지 않는 월넛 컬러로 마감되어 있었다. 그나마 주방 가구는 리폼해서 사용해도 될 정도의 상태였지만, 신혼집이라 부부는 이마저도 교체를 원했다.

문제는 돈이었다. 업체에서 받은 견적 금액은 2,000만 원이 넘었는데, 본인들이 생각하는 예산은 1,000만 원 정도에 불과했기 때문이다.

필자는 현장을 꼼꼼히 살피고 공사 범위와 수준을 정했다. 특히 곰팡이는 시간이 지나면 또 발생할 수 있기 때문에 처음부터 말끔히 처리해야만 한다. 그리고 전체적으로 밝으면서도 심플한 느낌을 원했기 때문에 벽지, 마루, 타일, 가구뿐만 아니라 눈에 가장 거슬렸던 월넛 컬러의 창호까지 모두 화이트 톤으로 마감하고 일부 마감재와 가구에 포인트를 주었다. 무엇보다 비용을 최대한 줄이기 위해 대부분의 공정을 직영 공사로 진행하고, 일부는 셀프로 병행하면서 공사비를 950만 원으로 마무리 지었다(2018년 기준).

· 막퍼줘 프로젝트 6호집 공사 후 모습 ·

직영 공사,
이렇게 하면 된다

초절감 임대용 인테리어를 진행하기 위해서는 도급, 직영, 셀프 공사를 적절히 병행하면서 활용하는 게 중요하다.

도급 공사는 비용이 많이 들지만 공사를 효과적으로 진행할 수 있고, 셀프 공사는 퀄리티가 떨어질 수는 있지만 가격 대비 최대의 효과를 누릴 수 있는 장점이 있기 때문이다. 다만, 이 둘을 진행하기 위해서는 반드시 직영 공사를 이해할 필요가 있다. 그래야만 업체에게 호구가 되지 않고, 또 어떤 공정이 가성비가 좋은지를 알 수가 있다.

직영 공사를 잘하기 위한 단계별 비밀

그럼 직영 공사를 잘하기 위한 단계별 비밀을 알아보자.

가장 먼저 공사 범위를 정확히 선정하는 게 중요하다. 업자들과 협의하다 보면 기준을 잡지 못하고 여기 업체에서는 이렇게, 저기 업체에서는 저렇게 견적을 받는 경우가 많다. 그렇게 되면 아무리 견적을 많이 받더라도 비교가 어렵다. 똑같은 기준으로 견적을 받아야만 항목을 비교해 가며 어느 업체가 얼마큼 싼지를 알 수가 있는데, 기

집값 높여도 잘 팔리는 부동산 인테리어

준이 달라져 버리면 비교 자체가 안 되기 때문이다.

공사 범위가 정해지면 자재 스펙을 결정해야 한다. 자재 스펙이라 함은 제품의 사양을 말하는 것인데 마루를 예로 들면, 비싸긴 하지만 퀄리티가 좋은 원목마루로 할 것인지 아니면 일반적으로 많이 사용하는 강마루로 할 것인지 혹은 가장 저렴한 장판으로 할 것인지를 정하는 것이다. 이 기준이 정해져야만 다음 단계인 예가 산출이 가능하다.

예가 산출 단계에서는 기본적인 자재나 시공비에 대한 단가를 알고 있어야 한다. 처음 해 보는 사람에게는 조금 어려울 수 있지만, 일반적으로 알아야 할 인테리어 마감재의 단가와 각 공정별 노임의 종류가 그렇게 많지 않기 때문에 몇 번 반복해서 진행하다 보면 자연스럽게 익힐 수 있다.

예가 산출이 끝나고 나면 예산 내에서 최대한 저렴한 업체를 찾아야 하는데, 이 단계가 견적 접수다. 업체 견적을 받는 것도 노하우가 있다. 공사 지역이 천안인데 안양에 있는 업체에서 견적을 받고 싼 업체라며 계약금부터 덜컥 보냈다가는 공사가 진행되는 내내 골치 아플 수 있다. 그래서 기본적으로는 해당 공사 지역에 위치한 업체를 1순위로 알아보는 것이 좋다.

견적 접수를 통해 업체가 선정되면 마감재 선정 단계로 넘어가게 되는데, 해당 업체가 보유하고 있는 자재들 중에서 본인이 구상하고 있는 콘셉트를 가장 잘 표현해 줄 자재를 선택하는 게 중요하다. 또 직영 공사는 모든 공정을 따로 진행하기 때문에 각 공정별 업체의 마감재를 일관성 있게 선정할 수 있어야 하는데, 이때 모델하우스의 디자인 사례들을 접목시키면 보다 효과적으로 선정할 수 있다.

마감재까지 선정하고 나면 공정표를 작성해야 한다. 공정표를 작성할 때는 공정별 순서가 중요하다. 가령 새시 공사 완료 후에 도장이나 도배 공사를 하고, 창호 공사 완료 후 욕실 벽타일 공사를 하는 식이다. 물론 공정은 현장 여건에 따라 순서가 바뀔 수도 있다. 하지만 기본적인 공사 순서를 제대로 알고 있어야 유사시에 대처할 수 있는데, 기준 자체를 모르고 업자들이 원하는 날짜대로만 공정표를 작성하다 보면 공정들이 엉켜 엉망이 되는 경우가 많기 때문에 이 점을 꼭 유의해야 한다.

공정표 작성까지 완료되면 이제 실전이다. 관리 사무실에 공사 신고를 하고 직접 현장 관리를 해야 한다. 해당 공정 작업자들이 잘 나왔는지 체크해야 하고, 당일 완료해야 할 작업들을 공사 시작 전에 작업자들에게 제대로 전달해야 한다. 또한 현장에 상주하면서 작업자들이 묻는 질문과 혹시 발생할 수 있는 민원에 빠르게 대응해야 한다.

현장 관리까지 끝나면 준공(입주) 청소를 해야 한다. 그런데 이 단계를 본인이 직접 하려는 경우가 많은데, 되도록 전문 업체에 의뢰하길 권한다.

며칠 동안 인테리어 공사를 하고 나면 생각지도 못한 작은 먼지와 이물질들이 곳곳에 숨어 있다. 이 청소를 전문가가 아닌 사람들이 하는 데는 한계가 있기 때문에 구석구석 깨끗하게 할 수가 없다. 아무리 적어도 수백만 원을 들여서 예쁘게 인테리어를 했는데 고작 수십만 원 때문에 이런 우를 범하지 않았으면 한다.

여기까지 완료되면 이제 입주를 하거나 임대를 세팅한다. 필자의

집값 높여도 잘 팔리는 부동산 인테리어

경우에는 인테리어 공사 시에 세입자가 구해지는 경험이 많았고, 아무리 오래 걸려도 일주일을 채 넘기지 않았다. 경쟁 물건이 많아도 그 중에서 가장 돋보인다면 1순위로 물건을 빼는 것은 그렇게 어렵지 않다. 그리고 필요에 따라서 본인이 인테리어한 집을 부동산 중개업소에 적극적으로 알리는 것도 방법이 될 수 있다..

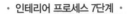
· 인테리어 프로세스 7단계 ·

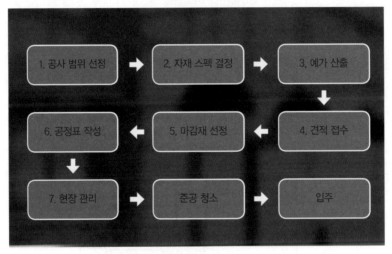

이상으로 초절감 인테리어를 위한 진행 단계를 알아봤다. 어느 공정 하나 소홀히 할 수 없을 정도로 각 단계가 모두 중요하다. 그리고 이 과정을 제대로 거친다면 그동안 두렵고 어렵게만 느껴졌던 인테리어 공사를 정말 효율적으로 진행할 수 있다. 3,000만 원짜리 공사를 2,000만 원에 끝낼 수도 있고, 전용 면적 59m²(25평) 다가구 주택의 올 리모델링 공사를 1,000만 원에도 끝낼 수 있는 것이다.

초절감 임대용 인테리어 7단계

지금부터는 초절감 인테리어 7단계를 실제 사례를 통해 좀 더 자세히 알아보고자 한다. 해당 사례는 막퍼줘 2호집 프로젝트를 진행했던(2018년) 서울 노원구에 있는 30년 된 59㎡(18평) 아파트다.

1단계·공사 범위 선정

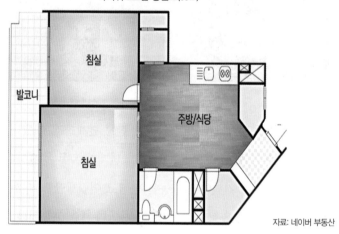

• 막퍼줘 2호집 평면도(59㎡) •

자료: 네이버 부동산

공사 범위를 선택할 때는 이 집의 용도를 명확히 정하는 것이 좋다. 본인이 실제로 거주할 집인지, 세입자를 위한 임대용인지, 혹은 이

외에 다른 목적의 집인지를 정해야 한다. 실거주 목적이면 아무래도 가구나 마감재를 좋은 걸 사용하려는 경향이 있고, 임대용이라면 최대한 원가를 줄여 저렴하게 시공하려고 하기 때문이다. 그리고 이에 따라 자재 스펙이 달라지고 공사비 또한 달라진다. 막펴줘 2호집은 전세를 받기 위한 임대용 인테리어가 목적이었다.

공사 범위를 선정하기 위해 현장을 점검할 때는 공사 하자가 있는지도 꼼꼼히 체크해야 한다. 외부 새시의 틈새에서 물이 흘러 들어온다거나, 발코니 천장에 곰팡이가 생겼거나, 침실 벽체에 결로 현상이 생긴다든지, 보일러를 아무리 돌려도 난방이 되지 않는 경우 등이 공사 하자에 해당한다.

새시 쪽에서 물이 샐 경우는 새시 프레임에 문제가 있을 수도 있지만 새시 주변의 코킹이 낡고 오래되어 제 기능을 못할 경우도 있는데, 이때는 새시를 교체할 필요 없이 내·외부 실리콘 코킹만으로 해결할 수 있다. 발코니 천장의 곰팡이 또한 새시의 틈새에서 스며든 빗물이 천장에 지속적으로 맺히면서 발생한 것이라면 실리콘 코킹 작업과 곰팡이 방지 페인트 작업만으로도 해결할 수 있다. 하지만 바닥 배관 불량으로 난방이 되지 않아서 바닥 전체 미장을 철거하고 엑셀 파이프 시공을 다시 해야 하거나 벽체 단열 공사 불량으로 단열 벽체 공사를 새로 해야 하는 상황이면, 그 심각성과 범위에 따라 인테리어 마감 공사보다 하자 처리 비용이 더 많이 발생할 수도 있다.

이처럼 인테리어 마감 공사를 하기 전 하자 체크를 필히 해야만 하는데, 만약 혼자 점검할 자신이 없거나 처음이라면 아파트 관리 사무소에 연락해서 직원에게 양해를 구하고 같이 점검하는 것도 좋은 방법이 될 수 있다.

인테리어 공사를 타이트하게 진행하기 위해서는 세입자 혹은 매도자가 이사를 나간 직후부터 하는 게 좋다. 미리 발주가 나가야 되는 공정(새시, 가구, 목창호 등)은 현장 실측을 해야 하기 때문에 세입자에게 한 번 더 업체와 방문해도 되겠느냐고 양해를 구해 놓으면 재차 방문 시 일정 잡기가 한결 수월하다.

또 마감재는 무조건 교체하려고만 하지 말고 사용할 수 있는 부분은 최대한 살려서 공사하는 것이 좋다. 만약 천장지가 콘셉트에도 맞고 깨끗하다면 교체할 필요 없이 벽체 도배만 해서 비용을 절감하는 것이 좋다. 리폼이 가능한 가구, 목창호 등은 도장과 인테리어 필름을 이용해 셀프 리폼을 하는 것도 방법이다.

내부 살펴보기

이제 막퍼줘 2호집 실제 내부를 살펴보자.

새시 쪽에 물이 새거나 주위로 빗물이 흘러내린 흔적이 없고, 천장과 침실에도 우려될 만한 누수나 곰팡이는 없다. 또 난방도 잘 돌아간다. 공사 하자는 특별한 게 없어 보인다. 하지만 현관에 제대로 된 신발장이 부족해 신발과 우산들이 장 옆으로 수북이 쌓여 있고, 욕실은 입주한 후 한 번도 공사한 흔적을 찾아볼 수 없는 30년 전 그대로의 모습이다. 주방은 우중충한 우드 컬러에 스테인리스 상판으로 마감되어 있고, 콘센트와 스위치도 너무 낡아 교체해야만 하는 상황이다.

집값 높여도 잘 팔리는 부동산 인테리어

현장 점검이 끝났으니 공사 범위를 정해야 한다. 어떻게 정하는 게 좋을까? 돈이 많아서 펑펑 쓸 수 있는 상황이라면 문제될 게 없지만 대부분 그렇지 않다. 그래서 공사 범위를 선정할 때도 우선순위를 두는 게 중요하다.

1순위는 무조건 공사 하자 처리다. 하자를 먼저 처리하지 않은 상태에서는 아무리 예쁜 마감재를 붙여 봐야 '눈 가리고 아웅' 하는 것밖에 되지 않는다. 다행히 이 집은 공사 하자는 없었다. 그럼 다음으로 어떤 공사를 선택해야 할까?

예산에 따라 다르지만 기본적으로 도배·장판을 하고, 예산이 남으면 주방 공사를 하고, 그래도 남으면 욕실 공사를 해야 한다. 주방 가구가 아무리 마음에 들지 않는다고 하더라도 도배·장판을 하지 않고 주방 가구를 하거나 욕실 공사만 덜렁 하는 것은 별로 효과적인 인테리어 공사라고 할 수 없다.

· 공사 범위에 따른 인테리어 공사 순서 ·

가장 기본은 도배·장판이다. 새로 임차인을 들일 때 가장 많이 하는 말도 "도배·장판은 제가 해 드릴게요" 혹은 "도배·장판은 해 주시는 거죠?"다. 그 이유는 도배·장판만 새것으로 바꾸더라도 인테리어를 한 것처럼 집이 달라져 보이기 때문이다. 그래서 다른 건 몰라도 인테리어를 한다고 계획하면 일단 도배·장판을 교체해 줘야 한다.

하지만 장판 대신에 마루로 시공한다면 그건 좀 다른 문제다. 도배·장판을 한다는 얘기는 적은 비용으로 효과를 극대화하려는, 즉 가성비를 높인다는 의미가 포함되어 있는데 마루는 사실 비용이 싼 공사가 아니다. 그래서 만약 마루 공사를 하려 한다면 그건 별도로 봐야 하는 것이다.

다음은 주방이다. 같은 조건이라면 여성들은 주방이 예쁘게 인테리어 되어 있는 집을 선호한다. 항상 강조하지만 대부분 계약 도장을 찍는 사람은 남성이지만, 집을 결정하는 건 여성이다. 여심을 잡아야 한다.

집값 높여도 잘 팔리는 부동산 인테리어

아래 우측 사진은 예전에 필자가 매입한 인천 청라국제도시에 위치한 아파트의 주방 모습이다. 필자는 주방이 좀 덜 예쁘더라도 좌측의 판상형 구조를 사고 싶었으나, 결국 아내의 뜻대로 주방이 예쁜 타워형을 매입했다. 본인이 직접 살 곳이 아닌데도 여성들은 주방을 이렇게 중요하게 여긴다. 이 점을 잊지 말자.

· 판상형 주방(좌), 타워형 주방(우) ·

마지막으로 욕실 공사다. 사람들의 심리상 욕실 공사까지 하게 되면 나머지가 조금 미흡하더라도 올수리된 집이라고 인식해서 임대나 매매가 빨리 맞춰지는 경우가 많다. 그래서 욕실 공사는 인테리어의 화룡점정이라고 부르기도 한다.

하지만 유닛 바스 룸UBR, Unit Bath Room 욕실의 경우, 전체를 철거하고 설비 배관 및 방수까지 완전히 새로 공사해야 하기 때문에 비용이 만만치 않다. 또 UBR 욕실까지는 아니더라도 덧방 시공이 어려워 욕실을 철거하고 재시공해야 하는 상황이라면 덧방 시공할 때보다 공사 비용이 비싸지기 때문에 욕실 공사는 상황에 따라 적절히 결정하는 것이 중요하다.

이렇게 기본적으로 3가지 공사를 확정해 두고, 나머지 공정들은 현장 여건에 맞춰 결정하면 된다.

이 집의 경우 특히 발코니 새시가 눈에 띄었는데, 단열 효과가 거의 없는 옛날 알루미늄 새시에 유리도 5mm 단판 유리였다. 발코니 천장에 곰팡이가 없는 게 신기할 정도였다. 향후 하자가 발생할 가능성이 컸기 때문에 새시는 교체하기로 결정했다. 그리고 추가로 방문(목창호)과 발코니, 다용도실 내부의 벽, 천장 도장 공사와 전체 등을 LED로 교체하기 위한 조명 공사를 진행하기로 했다(아쉽게도 예산 문제로 인해 현관, 발코니, 다용도실 바닥의 타일 공사는 진행하지 못했다).

· 막퍼줘 2호집의 현관, 발코니, 다용도실 ·

이렇게 해서 수장 공사(도배·장판 공사를 실무에서는 '수장 공사'라고 표현한다)를 비롯해 주방 가구 및 신발장 제작을 위한 가구 공사, 욕실 공사, PL 창호(새시) 공사, 도장 공사, 조명 공사 총 6개 공정을 진행하기로 공사 범위를 결정했다.

집값 높여도 잘 팔리는 부동산 인테리어

• 막퍼줘 2호집의 공사 범위 •

공사 범위를 정하는 2가지 방법

공사 범위를 선정할 때는 언제나 예산과 부딪히게 마련이다. 하고 싶은 건 많지만 항상 예산이 부족하다. 이럴 때는 두 가지 방법 중 하나를 선택해야 한다.

> **공정을 줄이고 퀄리티를 유지한다.**
>
> **공정을 유지하고 퀄리티를 줄인다.**

말장난 같지만 정말 중요한 내용이다.

예를 들어 막퍼줘 2호집의 인테리어 비용이 최대 1,000만 원인데 수장, 가구, 욕실, 창호, 도장, 조명 공사의 예가를 산출했더니 여유가 하나도 없이 딱 1,000만 원이 나왔다고 가정해 보자. 이때 바닥타일 공사를 할 수 있는 방법은 무엇이 있을까?

첫 번째는 공정을 줄이고 퀄리티를 유지하는 방법이다. 이때 마감재의 수준은 그대로 유지한 채 6가지 공정 중에서 하나를 빼고 타일 공사를 대신 넣어야 한다.

두 번째 방법은 공정을 유지하고 퀄리티를 줄이는 것이다. 이 말은 1,000만 원에 타일 공사도 포함시키겠다는 것이다. 그러려면 어떻게 해야 할까? 기존 공정의 마감재 수준을 더 낮춰야 한다. 창호와 가구 사양을 더 떨어트리고, 욕실 공사도 타일과 수전 도기류의 사양을 모두 낮춰야 한다.

과연 어느 것을 선택하는 게 맞을까?

상황에 따라 그때그때 다를 수 있지만, 2호집의 경우는 바닥타일 공사를 과감히 포기하고 퀄리티를 유지하는 전자로 정했다. 임대용 인테리어이기 때문에 사실 더 낮출 사양이 마땅치 않았던 것도 이유였다.

2단계 · 자재 스펙 결정

스펙은 사양을 뜻하는 것으로, 자재 스펙 결정은 마감재의 수준을 결정한다는 것이다. 이 단계에서 정해진 마감재의 수준에 따라 예가 산출(예산)이 정해진다. 따라서 자재 스펙 결정 단계와 예가 산출 단계는 아주 밀접한 관계를 가지고 있고, 필요시 예산의 규모에 따라 자재 스펙을 올리기도 하고 내리기도 한다.

공사 범위 선정 단계에서 결정된 6가지 공정을 중심으로 막퍼줘 2호집의 자재 스펙이 어떤 식으로 결정되었는지 살펴보자.

① PL 창호(새시) 공사

막퍼줘 2호집의 새시는 비확장이라 내부 새시(파란선)와 외부 새시(빨간선)로 나뉘어져 있었다. 현장 점검 시에 내부 새시의 상태는 양호했고 사용성에 있어서도 나쁘지 않았기 때문에 굳이 교체해야 될 필요

집값 높여도 잘 팔리는 부동산 인테리어

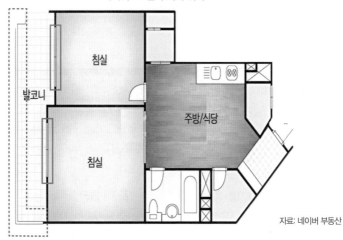

• 막퍼줘 2호집의 새시 위치 •

발코니

침실

침실

주방/식당

자료: 네이버 부동산

성을 느끼지 못했지만, 문제는 외부 새시였다.

오래된 알루미늄 새시에 5mm 단판 유리였기 때문에 단열 성능을 향상시키기 위해서라도 교체해야 하는 상황이었는데, 문제는 사양을 어떻게 하느냐였다.

• 막퍼줘 2호집의 기존 새시 •

내부 새시

외부 새시

새시의 선택 기준

인테리어 공사 중 새시의 비중은 상당히 크다. 많은 사람이 익히 알고 있는 LG지인, KCC, 한화 등의 새시 대리점에서 84㎡ 기준으로 견적을 받으면 1,000만 원을 넘기는 건 예삿일이다. 심지어 단열 효과를 내세우며 2,500만 원 이상의 제품을 권하는 업체들도 있다. 문제는 대다수의 사람이 이들이 제안하는 제품이 본인의 집에 맞는 적당한 사양인지 아니면 과사양인지조차 모른다는 것이다.

물론 업체들이 사기를 치는 것은 아니다. 가격이 올라갈수록 성능이 좋아지는 것은 사실이기 때문이다. 하지만 겨울철 실내에서 가볍게 입을 수 있는 내복이 필요한 사람에게 땀복을 입히는 것이 좋을까? 이번 기회에 새시의 사양 기준과 쓰임새에 대해 제대로 알아보자.

현재 국내에서 제작되는 창호는 상당히 많다. 메이커부터 출처를 알 수 없는 제품까지 종류가 정말 다양한데, 국내 창호 브랜드는 크게 3가지 등급으로 나눌 수 있다.

A 등급: LG, 한화, KCC, 이건
B 등급: PNS더존새시, WINCHE, 금호휴그린
C 등급: 영림, 재현, 예림, 동양 등

(상기 등급은 필자의 개인적인 견해다.)

· LG 하이새시 ·

이 브랜드들은 제품 성능이 현격히 다를까? 제품의 디테일은 분명히 다를 수 있지만 기본적인 자재 수준은 큰 차이가 없다. 필자가 이렇게 이야기할 수 있는 이유는, 해당 창호들은 기본적으로 국내 KS 기준을 모두 통과한 제품들이기 때문이다.

창호의 기본은 단열과 기밀성인데, 여기에 조금씩 성능이 보태지고 건설사에서 요구하는 에너지 등급의 사양을 올리다 보니 더 디테일해지면서 종류가 많아졌다. 업체들이 계속 새로운 제품을 개발하게 되면서 자연스럽게 가격이 상승하는 것이다.

그럼 제품별로 가격이 차이 나는 주된 원인은 무엇일까?

우선은 브랜드일 것이다. 일단 대기업 제품은 왠지 모르게 믿음이 간다. 제품은 말할 것도 없고, 서비스도 좋을 것 같고, A/S도 잘해 줄 것 같다. 그래서 B, C 등급의 제품들과 어떤 점에서 차이 나는지 모르지만 비싸더라도 설치하는 것이다.

일반적으로 좋은 새시라고 하면, 햇볕은 들어오되 뜨거운 열기는 덜하고, 겨울철 실내 온도가 외부로 빠져나가는 열손실이 덜한 단열 성능이 우수한 제품을 말한다. 그런데 정작 이런 단열 성능은 문틀이나 문짝보다도 유리의 성능에 따라 좌우되는 경우가 많다. 그래서 새시를 논할 때는 유리가 정말 중요하다. 창호 가격의 30%가 유리 가격에 좌우된다 해도 과언이 아니다. 유리 사양을 어떤 것으로 하느냐에 따라 가격 차이가 많이 난다는 것이다.

이런 부분을 배제하고 기본 사양만을 놓고 본다면 제품의 성능은 큰 차이가 없다는 결론이다. 그래서 필자는 인테리어 공사 시에 C 등급의 제품도 많이 사용한다.

남 대표의 인테리어 깨알 TIP

새시의 구성 요소

새시 브랜드별로 종류가 많고 디테일이 다양할 수는 있지만, 새시를 이루는 기본 요소는 동일하다.

새시는 크게 문틀, 문짝, 유리 3가지로 구성된다(실무에서는 문틀과 문짝을 프로파일이라고 부르기도 한다). ①번 자리에는 유리를 끼우기 위한 캡이 들어가고, ②번 자리에는 유리가, ③번 자리에는 문짝이 움직일 수 있도록 레일rail이, ④번 자리에는 문틀의 휨 방지를 막기 위한 보강 철물이 들어간다.

· PL 창호 이중창 프로파일 단면 ·

오래된 집들은 어떻게 이런 유리를 시공할 수 있었을까 의문이 들 정도로 5, 6, 8mm 단판 유리로 시공한 경우가 많았다. 막퍼줘 2호집도 마찬가지였다. 요즈음은 16, 22, 24mm 복층(페어) 유리가 기본이다.

복층유리란 일정한 간격을 두고 접척제로 두 장의 유리 주위를 접착해서 밀폐하고, 그 중간에 완전 건조 공기를 봉입한 유리를 가리

　　　　　　　　　　　　　　　　집값 높여도 잘 팔리는 부동산 인테리어

키는 말이다. 단열·차음·결로 방지 등의 효과가 있는데, 페어 유리라고도 하고 2중 유리라고도 한다.

그리고 로이Low-Emissivity 유리란 것도 있는데, 유리 표면에 금속 또는 금속산화물을 얇게 코팅한 것으로 열의 이동을 최소화하는 에너지 절약형 유리를 말한다. 저방사 유리라고도 한다. 유리는 코팅면의 위치에 따라 열효율이 다르게 나타나는데, 내부 유리 단판에 로이 코팅을 할 경우 효율이 좋다. 단열 성능을 높이기 위해 로이에 아르곤 가스를 주입하기도 한다.

16mm와 22mm 복층유리를 효율적으로 사용하려면 단창일 경우에는 16mm, 이중창일 경우에는 22mm에 적용해야 한다.

단창은 좌우 미닫이 문짝이 한 세트set 있는 것이고, 이중창은 두 세트가 있는 것이다. 즉 아래 우측 사진과 같이 단창과 단창으로 구성된 창이 이중창이다. 일반적으로 단창은 비확장 발코니에, 이중창은 확장 발코니에 사용된다.

· 단창(좌), 이중창(우) ·

자료: LG하우시스

아래에 나와 있는 평면도를 보면, 빨간색 부분이 이중창이고 파란색 부분이 단창이다. 이때 주의해야 할 것은 단창은 비확장 발코니의 내·외부에 모두 설치해야 한다는 것이다. 그래야 22mm보다 얇은 대신 이중으로 창이 설치되는 효과가 있다.

· 평면도 ·

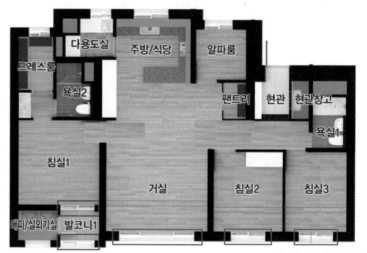

자료: 랜드마크시티센트럴더샵

그럼 다시 막퍼줘 2호집으로 돌아가 보자(147페이지 '막퍼줘 2호집의 새시 위치' 참조).

내부의 단창은 상태가 양호하기 때문에 외부만 교체하면 된다. 16mm 복층유리 단창이면 충분하다.

물론 복층유리 대신 복층 로이유리를 선택할 수도 있지만, 남향에 해가 잘 드는 집이었기 때문에 일반적인 복층유리로 진행했다. 만약 이런 기준을 모르고 있다면 업체가 '24mm 복층 로이유리 이중창'으로 견적을 넣어도 맞는 건지 틀린 건지 알 수 없다.

집값 높여도 잘 팔리는 부동산 인테리어

그래서 본인이 업체에 정확한 사양을 지정해 주지 않으면 견적서마다 모두 다른 기준에 다른 금액이 들어오기 때문에 아무리 견적을 많이 받아도 별 소득이 없는 것이다. 다시 한번 정확히 기억해 두자.

> **비확장 발코니 내·외부 16mm 복층유리 단창**
> **확장 발코니 22mm 복층유리 이중창**
> (단, 단열 성능을 올리기 위해서는 복층 로이유리를 적용한다.)
>
> ※ 최근 트렌드는 비확장 및 확장 발코니 모두 24mm 복층유리 이중창을 적용하는 추세다.

새시의 추가 사양

새시의 사양은 이것 말고도 추가로 결정해야 할 사항이 있다. 바로 새시의 랩핑 유무와 잠금장치다.

· 모델하우스의 새시 랩핑 ·

자료: 힐스테이트신촌

새시의 랩핑이란 새시 표면에 필름을 붙였느냐 안 붙였느냐를 말하는 것인데, 모델하우스에 전시된 유닛을 떠올려 보면 쉽게 이해가 될 것이다.

분양 아파트의 새시는 대부분 필름으로 마감한다. 그런데 랩핑을 한다고 해서 새시가 기능적으로 나아지는 것은 없다. 단지 디자인적으로 좀 더 예쁘게 보이는 것뿐이다. 그럼에도 랩핑을 하지 않는 제품과 비교해 많게는 수십만 원 이상 가격 차이가 난다.

그래서 필자도 임대용 인테리어일 경우에는 랩핑을 생략하는 경우가 많고, 막퍼줘 2호집도 랩핑을 하지 않는 것으로 결정했다. 그리고 사실 발코니의 벽과 천장이 모두 화이트 컬러여서 굳이 랩핑을 하지 않더라도 크게 어색하지 않았다.

또한 잠금장치는 문을 닫았을 때 자동으로 잠가지는 제품이 당연히 좋다. 하지만 레버핸들 개소당 5만 원이 추가되고, 프로파일에 별도 부속물까지 설치해야 하기 때문에 비용이 최소 몇 십만 원 이상 올라간다. 이에 반해 크리센트crescent는 개당 1,000~2,000원에 불과하다. 크리센트는 사용하기에 불편한 점은 있지만, 원가 절감 차원에서는 훌륭한 제품이다.

그래서 2호집은 자동 잠금장치 기능이 있는 레버핸들이 아닌, 크리센트로 결정했다.

마지막으로 이제 방충망만 추가하면 된다. 방충망의 경우는 별도로 얘기하지 않아도 일반적으로 설치해 주는 경우가 많은데, 간혹 추가를 요청하는 업체들이 있기 때문에 자재 사양 결정 단계에서 항상 챙기는 습관을 가져야 한다.

집값 높여도 잘 팔리는 부동산 인테리어

• 크리센트(좌), 자동 잠금장치 레버핸들(우) •

막퍼줘 2호집의 PL 창호(새시) 공사를 위한 사양을 정리해 보면 다음과 같다.

공사 종류(공종)	사양	비고
PL 창호(새시) 공사	16mm 복층유리 단창	랩핑 X, 크리센트, 방충망

② 욕실 공사

막퍼줘 2호집의 욕실 내부 모습을 자세히 살펴보자.

사진상 벽과 바닥에 붙어 있는 타일만 봐도 상당한 연식이 느껴진다. 요즈음 벽타일은 300mm×600mm, 바닥은 300mm×300mm를 많이 사용하기 때문에 이런 작은 사이즈의 타일들은 거의 없다. 천장도 석고보드에 도배가 된 듯했고 욕실장이나 거울, 액세서리도 모두 교체가 필요해 보였다. 하지만 무엇보다 가장 큰 문제는 가뜩이나 좁은 욕실에 욕조까지 자리 잡고 있어 공간이 너무 협소해 보인

다는 것이었다.

그래서 올수리를 전제로 욕조를 철거하기로 하고, 그 자리에는 샤워 수전만 설치하기로 결정했다.

그럼 욕실을 구성하는 마감 자재들은 어떤 것이 있을까?

· 욕실의 마감재 ·

구분	마감 자재
타일	벽타일
	바닥타일
도기류	세면기
	양변기
수전류	세면기 수전
	해바라기 수전
액세서리	수건걸이, 휴지걸이, 코너 선반 등
욕실장	슬라이딩 또는 여닫이
천장재	ABS 평돔
유가/트랜치	유가

집값 높여도 잘 팔리는 부동산 인테리어

여기에 샤워부스나 샤워 파티션이 포함될 수 있고, 필요에 따라서는 막퍼줘 2호집과 반대로 욕조를 추가할 수도 있다.

욕실을 구성하는 가장 기본 요소는 바닥과 벽의 타일인데 실제로 벽·바닥 타일 공사가 완료되지 않으면 세면기, 도기류, 액서서리 등의 나머지 공사를 진행할 수가 없다.

타일을 붙이는 방법

이때 중요한 것은 타일을 붙이는 방법인데, 타일을 붙이는 방법에는 기존 타일 위에 타일을 붙이는 '덧붙임(덧방) 시공'과 기존 타일을 철거하고 다시 붙이는 '재시공' 방법이 있다.

재시공의 경우 덧방 시공에 비해 공사비가 최소 50만~100만 원 비싸고 공사 기간도 훨씬 더 길다. 따라서 비용 절감 차원에서는 되도록 덧방 시공을 하는 게 유리하다.

• 타일 덧붙임(덧방) 시공: 기존 타일 위에 본드를 바르고 타일을 부착하는 방법 •

하지만 이런 덧방 시공도 무한정 할 수 있는 게 아니고 기존 타일 위에 한 번만 시공하는 게 좋다. 만약 두 번, 세 번 덧붙이게 되면 타일의 무게 때문에 벽에서 떨어져 자칫 큰 사고로 이어질 수도 있기 때문이다.

그럼 기존 타일에 덧방 시공을 했는지 안 했는지를 어떻게 알 수 있을까? 그건 욕실의 문틀을 보면 쉽게 확인할 수 있다.

일반적으로 타일과 문틀이 만날 때는 보통 문틀이 타일보다 1cm 정도 더 돌출되어 있는데, 이는 문틀이 재료분리대 역할을 같이 하기 때문이다. 이 부분을 만졌을 때, 만약 문틀의 돌출된 부위가 만져지지 않는다면 덧방 시공을 한 욕실이라고 판단하면 된다.

덧방 시공이 이루어진 벽체는 추후 안전사고가 발생할 수도 있기 때문에 비용이 추가되더라도 기존 타일을 철거한 후 재시공할 것을 권한다.

· 덧방 시공된 사례: 타일과 문틀의 단 차이가 없다 ·

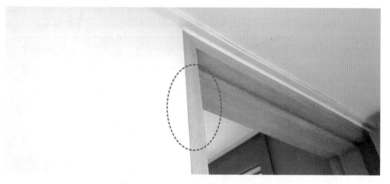

재시공 시에 유의해야 할 것은 방수 공사와 담수 테스트다. 타일을 철거하다 보면 기존 방수층의 손상이 심해져 방수 공사를 다시 해야 하는데, 이때 방수액을 구석구석 3회 이상 꼼꼼히 도포하는 것

집값 높여도 잘 팔리는 부동산 인테리어

이 중요하다. 또한 담수 테스트를 하지 않고 그냥 지나치게 되면 공사 완료 후에 자칫 다시 뜯고 작업해야 하는 불상사가 생길 수 있기 때문에 시간이 걸리더라도 꼭 해야 한다.

· 욕실 방수 공사 후 담수 테스트 ·

방수 공사

담수 테스트

막퍼줘 2호집의 경우는 덧방 시공이 가능하지만 욕조를 제거할 예정이었기 때문에 욕조 부위만 별도로 완결 방수 처리를 했다. 욕실 공사를 위한 사양은 다음과 같다.

공종	사양	비고
욕실 공사	욕조 철거 및 덧방 시공	욕조 철거 부위 완결 방수

③ 가구 공사

가구 공사는 주방 가구, 일반 가구, 시스템 가구 공사 3가지로 나뉘고 다시 각각 세부적으로 다음와 같이 분류된다.

2호집의 경우는 가구 공사 중 주방과 신발장을 교체하기로 결정했다. 우선 주방 가구 공사를 살펴보자.

가구 공사	주방 가구	메인 주방
		보조 주방
	일반 가구	신발장
		침실 붙박이장
	시스템 가구	시스템 선반
		스페이스월

· 주방 가구 공사

우중충한 우드 컬러에 상판은 가장 등급이 낮은 스테인리스로 마감되어 있었다(현장에서는 이런 가구를 흔히 '막장 싱크대'라고 한다).

주방 가구의 사양을 결정할 때는 가구 표면재, 상판, 미드웨이, 가전기기, 싱크 수전 5가지를 고려해서 진행하면 된다. 그중 미드웨이는 타일로 마감하는 경우도 있고, 기존 타일의 상태가 양호할 때는 인테리어 필름을 덧붙이는 경우도 있다.

· 막퍼줘 2호집의 기존 주방 ·

집값 높여도 잘 팔리는 부동산 인테리어

하지만 2호집은 특이하게 기존 벽면에 타일 시공이 되어 있지 않은 상태에서 필름이 붙어져 있어 부득이 타일을 시공하는 것으로 결정했고, 나머지 사양에 대해서도 아래와 같이 진행하기로 했다.

· 막퍼줘 2호집의 주방 가구 사양 ·

공종			사양	비고
가구 공사	주방 가구	가구 표면재	PET	–
		상판	PT	–
		가전기기	슬라이딩 레인지 후드	쿡탑 X
		싱크 수전	벽 수전 사용	기본 수전만 교체
		미드웨이	타일	–

가구 표면재

가구 표면재는 그냥 고민 없이 PET 소재를 선택하면 된다. 요즈음 분양하는 아파트부터 일반 내수 시장으로 유통되는 거의 대부분의 가구가 PET 마감재를 사용하는 추세이기 때문에 임대용 인테리어라고 해서 사양을 더 다운그레이드할 필요는 없다.

상판

상판의 종류에는 크게 스테인리스, PT, 인조대리석(MMA) 3가지 종류가 있는데, 예산이 조금 더 있다면 모델하우스처럼 천연석이나 강화천연석을 사용해도 좋다. 이 중에서 2호집은 PT로 선택했다.

PT란 PBParticle Board에 일명 '호마이카판'을 붙여서 만든 제품으로, 임대용 인테리어에 가장 많이 사용되는 제품이다. 가격은 스테인리스와 인조대리석의 중간 정도다.

가전기기

주방 가구에 들어가는 가전기기는 종류가 다양하지만, 주로 임대
용 인테리어에서는 레인지 후드와 쿡탑 정도를 많이 쓴다.

막펴줘 2호집의 경우, 일단 레인지 후드는 슬라이딩 타입으로 결
정했다. 이 제품은 흡입력이 떨어지는 단점이 있긴 하지만, 다른 제품
들에 비해 가격이 저렴하고 가로 폭이 좁아 주방 가구의 길이가 길지
않을 때 제격이다.

주방 가구 가전기기 사양에 레인지 후드는 반드시 들어가야 하는
품목이지만, 쿡탑은 그렇지 않다. 설치하게 되면 빌트인으로 매립하
고, 그렇지 않으면 임차인이 개별로 가스레인지를 설치할 수 있도록
15~20cm 정도 내려서 제작하면 된다.

그리고 쿡탑을 매립하는 경우는 PT 상판보다 인조대리석에 많이
적용하기 때문에 빌트인 쿡탑과 인조대리석 상판은 세트 개념으로
보는 게 좋다. 다만 비용적인 측면에서는 PT보다 가격 상승이 크다고
볼 수 있다.

· 주방 가구 상판 종류 및 가스 쿡탑 설치 유무 ·

　　　　　　　　　　　집값 높여도 잘 팔리는 부동산 인테리어

싱크 수전

연식이 좀 있는 아파트의 싱크 수전은 대부분 미드웨이 쪽에 설치되어 있는 벽 수전이다. 하지만 요즈음 분양하는 아파트들은 아예 처음부터 배관 자체가 벽 수전이 아닌 싱크대에 바로 연결되는 입 수전으로 설치한다. 물론 처음에 벽 수전을 설치했다고 해서 그것만 계속 사용해야 하는 것은 아니다. 그리 어렵지 않게 입 수전으로의 변경이 가능하다.

8만~12만 원 정도면 변경이 가능하며, 대부분 주방 가구 교체 시에 많이 한다. 하지만 2호집은 이마저도 비용을 절감하기 위해 벽 수전을 그대로 사용하고, 다만 수전 자체만 교체하기로 했다.

· 싱크 수전 종류 ·

벽 수전	입 수전

· **신발장**

현관은 그 집의 얼굴이다. 집을 보러 오는 사람들이 문을 열고 들어왔을 때 현관이 깔끔하게 정리되어 있고 신발장의 수납공간까지 넉넉하면 계약될 확률이 높아진다.

그런데 2호집의 현관은 열악했다. 제대로 된 신발장이 없었고, 그나마 있는 신발장도 수납공간이 부족해 일부 신발들은 별도의 선반에 보관되어 있었다. 게다가 신발장 위에는 너저분한 박스들이 올려져 있었다. 또 우산들이 현관 입구를 차지하고 있다 보니 마음까지 어지러워지는 기분이 들었다.

그나마 다행인 것은 현관 천장이 적당히 높았기에 신발장을 설치하기에는 무리가 없어 보였다. 그래서 기존 신발장 위치에 붙박이장 형태로 신발장을 천장까지 올리고 우산꽂이도 넣을 수 있도록 했다. 다만 신발장을 벽에 완전히 붙여서 제작하면 현관 입구 쪽으로 튀어나와 답답해 보일 수 있기 때문에 현관문에서 60cm 정도 띄우는 것으로 했다.

• 막퍼줘 2호집의 기존 현관 •

신발장의 사양은 주방 가구보다 훨씬 간단했다.

공종			사양	비고
가구 공사	신발장	가구 표면재	PET	폭 1,000mm 이하의 우산꽂이 설치

집값 높여도 잘 팔리는 부동산 인테리어

표면재는 주방과 동일한 PET를 사용하면 된다. 다만 신발장의 폭 (가로 사이즈)은 1m 이하가 좋다. 신발장은 PB로 만들어지는데, PB의 한 장 사이즈가 1,220mm×2,440mm이다. 즉 가로의 사이즈가 약 1.2m 정도 되는 것인데, 신발장을 제작하다 보면 0.2m는 잘려져 나가고 실제로 사용 가능한 사이즈가 1m 정도밖에 되지 않는다. 그런데 1m보다 큰 사이즈를 제작하게 되면 또 한 장의 PB가 들어가야 하므로 가격이 그만큼 상승하게 된다.

그래서 어쩔 수 없이 벽에서 벽 끝까지 가구를 제작해야 하는 경우가 아니면 되도록 1m 혹은 2m로 사이즈를 맞춰 주는 게 좋다.

④ 조명 공사

조명은 설치되는 형태에 따라 몇 가지 종류로 나뉘게 된다.

조명	천장형	현관등	센서등
		거실등	–
		주방등	–
		식탁등	펜던트
		침실등	–
		욕실등	매입등
		발코니등	–
	백부형	발코니 브래킷	–

오래된 아파트들은 일반 형광등이 많이 설치되어 있다. 일반 형광등은 시간이 지나면서 점점 어두워지기도 하고, 수명도 짧다. 그래서

요즈음은 모두 LED 조명으로 바꾸는 추세다.

초기에 출시된 LED 조명은 가격이 비쌌기 때문에 사용하기에 부담스러웠지만, 요즈음은 가격이 많이 내려 그렇게 비싸다는 느낌을 받지 못한다. 또 제품에 따라 다르긴 하지만, 평균 수명이 10년 정도 되므로 한 번 교체해 놓으면 전세 5번 돌릴 때까지 신경 쓸 일이 없다.

아래 사진은 막퍼줘 2호집의 조명이다. 현관등은 램프가 나갔고 심지어 커버도 없는 제품이었다. 침실등은 유리로 된 제품이었는데, 나사가 헐거워 떨어질까 불안해 보였다. 주방등은 공간과 전혀 어울리지 않는 형태였다. 전체적으로 교체가 필요해 보였다.

· 막퍼줘 2호집의 기존 조명 등 기구 ·

조명의 사양을 정할 때는 색온도(단위: 켈빈Kelvin)*와 밝기(단위: 와트Watt)가 중요한데, 종류에 따라 그 값이 다르기 때문에 공간별로 적절한 제품을 선택해야 한다.

색온도가 높아지면 푸른색, 낮아지면 붉은색을 띤다. 푸른빛이 감

---

* 조명가게에 가서 "7,000켈빈짜리 조명 주세요"라고 하는 사람은 별로 없을 것이다. 그래서 색온도를 나타내는 켈빈보다는 흔히 알고 있는 주광색, 주백색, 전구색이라는 표현을 많이 쓴다.

집값 높여도 잘 팔리는 부동산 인테리어

도는 8,000K이 넘으면 눈에 좋지 않은 영향을 끼치기 때문에 실내에서 사용하는 제품은 6,500~7,000K이 적당하다.

 남 대표의 인테리어 깨알 TIP

조명의 용도

①번 램프가 가장 흰색이니까 주백색이라고 생각하기 쉽지만, 주백색은 ②번 램프다. 주광색의 '광'은 빛 광光 자를 쓰기 때문에 가장 밝은 ①번이 주광색인 것이다. 바로 이 주광색이 6,500~7,000K인데, 실내용으로 가장 많이 쓰인다. 다음으로 주백색이 5,000K, 전구색이 4,000K 정도다.

현관, 거실, 주방, 식탁, 침실, 욕실, 발코니 조명은 대부분 주광색을 사용하고, 다운라이트, 스포트라이트 혹은 레일등과 같이 포인트로 연출하는 조명에는 주백색이나 전구색을 사용하면 좋다.

· ① 주광색 ② 주백색 ③ 전구색 ·

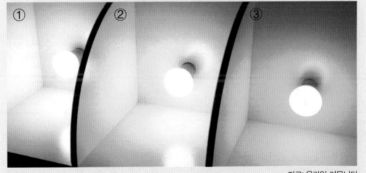

자료: 온라인 커뮤니티

와트 수는 전구가 얼마나 많은 전력을 소모하는지 나타내는 지표인데, 전력 소모가 많을수록 밝은 경향이 있다. 또한 실내에 사용하는 조명의 밝기는 종류별로 모두 같은 것이 아니라 공간의 크기에 따라 그 값이 서로 다르다.

· 등에 따른 조명 밝기 ·

현관등	10~15W
거실등	100~150W
주방등	40~70W
식탁등	30~60W
침실등	50~60W
욕실등	20~30W
발코니등	10~15W

색온도와 밝기를 고려해서 조명 공사의 사양을 정해 보자.

공종			사양	비고
조명 공사	천장형	현관등	10~15W	주광색 (6,500~7,000K)
		거실등	100~150W	
		주방등	40~70W	
		침실등(2개)	50~60W	
		발코니등	10~15W	

　　일반적으로 조명 공사를 진행할 때 조명은 인터넷 최저가로 구매하고 작업자만 섭외해서 공사하는 경우가 많다. 인테리어 회사에서 도급으로 해 줄 때야 그런가 보다 하지만, 실제로 본인이 구매해야 하는 상황이면 색온도와 밝기를 모르고서는 제품을 구매하기가 어렵다.
　　조명 사양을 제대로 알고 있어야 하는 이유가 바로 여기에 있다. 그리고 인터넷으로 구매한 제품이 왔을 때 포장을 뜯기 전 박스에 표기된 사양을 보고 본인이 주문한 제품이 맞는지 확인하는 습관이 필요하다.

• 조명 등 기구 구매 후 규격 확인 •

⑤ 수장 공사

· 도배 공사

수장 공사 중 도배 공사의 경우 거주냐 임대냐에 따라서 마감재의 사양이 가장 많이 바뀐다. 임대용은 합지 벽지, 거주용은 실크 벽지를 주로 사용한다. 하지만 임대용이라 하더라도 지하층에 습기가 많고 해가 잘 들지 않는 곳은 합지 벽지보다는 실크 벽지로 시공하는 것이 하자가 덜하다. 따라서 임대 혹은 거주 여부에 너무 얽매이지 말고 상황에 맞춰 적절히 사용하는 것이 좋다.

막퍼줘 2호집의 경우 고층 아파트에 햇볕도 잘 들어오기 때문에 비용 절감 차원에서 소폭 합지로 결정했다. 하지만 현장 점검 시 천장에 몰딩이 없었다. 몰딩은 천장과 벽의 마감재를 분리하는 역할을 한다. 같은 벽지라고 하더라도 그 종류가 다르면 재료 분리가 필요한데, 여기는 처음부터 몰딩이 없었던 것으로 보였다.

이렇게 몰딩이 없을 때는 몰딩만 별도로 구매하고 목공 작업자를

섭외해서 시공하거나, 업체에 자재와 시공을 일괄로 맡겨서 공사하는 방법이 있다. 하지만 별도의 추가 비용이 들고 경우에 따라서는 배보다 배꼽이 더 큰 상황이 생길 수도 있다.

몰딩 없이도 간단하게 해결할 수 있는 방법이 있는데, 벽지와 천장지를 같은 도배지로 선택하는 것이다. 이렇게 시공하면 벽과 천장의 마감이 같기 때문에 이질감이 덜하고 오히려 도장 느낌이 나는 고급스러움을 얻을 수도 있다.

그런데 최근 인테리어 시장에서는 깔끔한 공간 연출을 원하는 소비자 사이에서 무몰딩과 무문선이 큰 인기를 끌고 있기도 하다. 몰딩과 문선은 오랫동안 벽과 천장의 경계를 마감하는 역할을 해 왔지만, 미니멀리즘이 대세로 자리 잡으면서 이러한 장식 요소를 없애는 것이 트렌드가 된 것이다.

무몰딩은 천장과 벽의 경계, 문틀과 벽의 경계를 몰딩 없이 처리해서 공간의 연속성을 강조하는 방식이다. 무문선은 문과 벽이 한 면으로 이어지도록 설계해서 문이 닫혀 있을 때는 마치 벽처럼 보이게 하는 디자인이다. 이는 벽과 도어를 하나의 통합된 형태처럼 보이게 해서 시각적으로 깔끔한 인상을 주는 공간을 만들어 낸다.

　　　　　　　　집값 높여도 잘 팔리는 부동산 인테리어

무몰딩과 무문선의 가장 큰 매력은 간결하고 세련된 공간을 연출할 수 있다는 점이다. 복잡한 디테일을 생략함으로써 모던한 분위기를 극대화할 수 있다. 또한, 몰딩이 사라짐에 따라 먼지가 쌓일 틈이 줄어들어 관리도 용이하다. 벽과 천장이 하나로 이어진 듯한 구조는 공간을 더욱 넓어 보이게 하며 개방감이 느껴지도록 한다.

그러나 이러한 시공 방식에는 주의할 점도 있다. 몰딩이 없는 디자인은 시공 정밀도가 무엇보다 중요하다. 몰딩이 없기 때문에 벽과 천장의 단차나 도어와 벽체의 틈새가 그대로 드러날 수 있다. 이를 방지하려면 숙련된 전문가를 통해 시공하거나, 초기 설계 단계부터 꼼꼼한 계획을 세우고 시공해야 한다. 또한, 문선이 없어짐에 따라 벽 개구부 자리가 외부 충격에 취약해질 수 있으므로 내구성이 높은 마감재와 세밀한 시공이 요구된다.

이와 더불어 비용적인 측면도 고려해야 한다. 숙련된 전문가를 투입해서 오랜 시간 작업해야 할 경우에는 오히려 인건비가 상승할 수 있다. 또한, 벽체와 문틀을 깔끔하게 마감하기 위해서는 내구성과 가공성이 우수한 자재를 사용해야 하므로 자재비 또한 일반적인 시공 방식보다 높게 책정되기도 한다. 막퍼줘 2호집처럼 애초에 몰딩이 없던 경우가 아니라면, 무몰딩과 무문선 시공은 기본적인 공사 예산보다 비용이 추가될 수 있다는 점을 고려해야 한다.

무몰딩과 무문선은 단순히 깔끔한 디자인을 넘어 공간 활용도를 높이는 실용적인 선택이기도 하다. 가령, 벽과 도어의 마감을 동일한 색상이나 소재로 처리하면 공간이 더욱 일체감 있게 느껴진다. 무몰딩과 무문선을 적용하기로 했다면, 기능과 미관을 모두 충족할 수 있는 소재와 색상을 신중히 선택해야 한다. 특히, 문과 벽의 단차나 접합부가 눈에 띄지 않도록 세심한 설계와 시공이 뒷받침되어야 한다.

· 무몰딩과 무문선을 적용한 인테리어 ·

· 장판 공사

장판도 종류가 다양하고 제품의 두께에 따라 성능이 달라진다.

당연히 두께가 두꺼울수록 성능이 좋아지겠지만 문제는 가격이 비싸진다는 데 있다. 다만 장판을 사용할 때도 하이팻트와 모노륨이 있기 때문에 차이점을 정확히 알고 쓰는 것이 좋다.

하이팻트는 가장 대중적으로 많이 사용되는 제품이다. 접착제를 사용하지 않고 이음매를 두 겹으로 겹쳐서 시공하는데, 가격이 저렴한 대신 열에 약해서 수축·팽창이 있다는 단점이 있다. 반면에 모노륨은 이음새가 없으며, 하이팻트에 비해 내구성이 좋아서 열에도 강

집값 높여도 잘 팔리는 부동산 인테리어

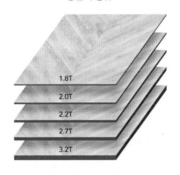

· 장판의 종류 ·

1.8T
2.0T
2.2T
2.7T
3.2T

자료: LG하우시스

하고 사용성이 용이하다. 하지만 하이팻트보다 가격이 비싸다는 단점이 있는데, 제품에 따라서는 2배 가까이 차이 나는 것도 있다.

막퍼줘 2호집은 하이팻트와 모노륨을 놓고 고민하다 최종적으로 모노륨 1.8T로 결정했다. 요즈음에는 장판이 워낙 잘 나와서 1.8T를 사용해도 큰 무리가 없다고 생각했고, 아무래도 하이팻트보다는 하자가 덜할 것이기 때문이었다.

수장 공사의 사양을 정리해 보자.

공종		사양	비고
수장 공사	도배지	소폭 합지	천장과 벽은 동일 벽지
	장판	모노륨 1.8T	바닥 전체

⑥ 도장 공사

도장 공사라 하면 단순히 발코니 도장만 생각하는 사람이 있을 수도 있지만 발코니 벽과 천장 도장은 기본이고, 몰딩·문틀·문짝부터 주방·일반 가구, 거실·침실의 벽과 천장에 이르기까지 그 공사 범위가 넓고 다양하다. 또한 다른 공정들에 비해 비교적 셀프 인테리어가 가능하고 가격 대비 효과가 좋은 작업이기도 하다.

막퍼줘 2호집에서는 발코니, 세탁실, 다용도실의 벽과 천장, 목창호 4세트까지만 도장 공사로 결정했다.

수성 페인트인지 확인하기

인테리어 도장 공사를 할 때는 항상 주의할 점이 있는데, 바로 친환경 수성 페인트를 사용해야 한다는 것이다. 간혹 도장 공사를 할 때 이런 요구를 하지 않으면 업자들이 유성 페인트로 작업하는 경우가 있다. 그럼 냄새 때문에 집에 들어가기 싫어지는 상황이 발생할 수도 있으니 유의해야 한다.

페인트의 종류로는 유성 페인트oil based paint와 수성 페인트water based paint가 있다. 우선 유성 페인트는 휘발성으로, 냄새가 나고 건조가 느리며 철재나 목재에 사용되는 페인트다. 물이 자주 묻는 부분과 쇠 같은 금속 재질에 많이 사용되며, 점도 조절용으로 시너를 희석해서 사용한다. 제품 자체에서 특유의 독한 냄새가 나고 잘 빠지지 않기 때문에 집 안에 사용하기에는 적합하지 않고, 주로 외부에 많이 쓰인다.

반면에 수성 페인트는 안료를 물로 용해해서 수용성 교착제와 혼합한 분말 상태의 도료를 가리키는데, 시중에 판매되는 것은 대부분 흰색이므로 원하는 색을 내고자 할 때는 수성 조색제로 색을 만들면 된다. 물로 희석이 되다 보니 아무래도 화학적인 결합력은 유성 페인트보다 약해서 내구성이 떨어진다는 단점이 있지만, 실내에 적용하기

집값 높여도 잘 팔리는 부동산 인테리어

에는 무리가 없는 제품이다. 또 냄새가 거의 나지 않고 건조가 빠르기 때문에 작업이 용이하다. 최근에는 친환경 제품들이 나오면서 기능적인 부분도 상당히 개선되었다.

· 수성 페인트와 유성 페인트의 비교 ·

구분	수성 페인트	유성 페인트
특징	· 실내 사용이 적합하다. · 물로 희석해서 사용한다. · 냄새가 거의 없다. · 빨리 건조된다.	· 실외 사용에 적합하다. · 시너로 희석해서 사용한다. · 특유의 독한 냄새가 난다. · 느리게 건조된다.

그럼 왜 작업자들이 실내 공사에서 유성 페인트를 사용하는 것일까? 그건 수성 페인트에 비해 비교적 가격이 저렴해서다. 종류에 따라 많게는 2~4배 이상 차이 나는 제품도 있다. 특히나 업자들은 집 하나를 페인트하기 위해 자재를 구매하는 것이 아니라 대량으로 구입해서 사용하기 때문에 비용 차이가 꽤 크다. 그러므로 도장 공사 전 수성인지 유성인지를 확인하는 습관을 기르자.

발코니 도장에서 또 하나 유의해야 할 점은 바로 탄성코트 도장이다. 쉽게 말해서 벽면에 고무 도막 코팅을 입히는 것이다. 도장 업자들에게 발코니 도장과 관련해서 문의하면 탄성코트를 많이 권한다. 비교적 가격도 저렴하고, 작업 방법도 붓이나 롤러가 아닌 뿜칠로 해서 간편하기 때문이다. 그런데 주의해야 할 점이 있다. 곰팡이가 있는 벽체에 탄성코트를 시공하는 경우다.

다음 페이지의 사진은 곰팡이가 있었던 벽체에 탄성코트 시공을 한 사례인데, 불과 1년도 되지 않아 다시 곰팡이가 발생했다. 심지어

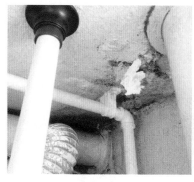

는 표면이 부풀어 오르고 들뜨는 경우도 생긴다.

작업 방법과 관리를 어떻게 하느냐에 따라 이런 문제가 생길 수 있다. 그래서 필자는 발코니 탄성코트를 그다지 선호하는 편은 아니다. 발코니에는 곰팡이 및 결로 방지 친환경 수성 페인트를 사용해야 한다.

곰팡이가 생겨나는 원인은 결로 때문이다. 주기적으로 하루에 몇 분씩만 환기를 해도 곰팡이를 많이 방지할 수 있지만, 그런 노력에도 불구하고 측면 세대거나 해가 잘 들지 않거나 부실한 단열시공 등으로 어쩔 수 없이 발생하는 경우라면 필히 곰팡이 방지 페인트를 사용하기 바란다.

탄성코트에도 곰팡이 방지 성분이 있다고는 하지만, 경험상 곰팡이 방지 페인트가 훨씬 좋았다. 단, 가격이 조금 비싼 편인데 업자들의 견적이 과하다고 생각할 때는 본인이 자재만 따로 구매하고 작업자만 섭외해서 공사하는 방법도 있다.

발코니 곰팡이에 관해서는 「4장. 돈 되는 인테리어, 혼자서도 할 수 있다」에서 자세히 다룰 예정이니 참고하기 바란다.

도장 공사의 사양을 정리해 보자.

공종	사양	비고
도장 공사	수성 친환경 페인트	발코니 곰팡이 방지 페인트

3단계·예가 산출

2단계 자재 사양에 대해 자세히 알아본 이유는 이를 근거로 예가 산출(예산)이 가능하기 때문이다. 그래서 어떤 의미에서는 7단계 중이 두 단계가 가장 기초가 된다고 할 수 있다. 예가 산출을 위해서는 기본적으로 자재비와 노무비에 대한 지식이 있어야 한다. 흔히들 DB(데이터베이스Data Base)라고 하는데, 이 자료가 계속 쌓이다 보면 빅 데이터Big Data가 될 수 있는 것이다.

인테리어 자재는 덩치가 큰 가구부터 정말 작은 액세서리까지 그 종류가 정말 다양하다. 하지만 이렇게 많은 자재의 단가를 일반인이 모두 알기란 쉽지 않다. 노무비도 공정마다 다르고 업자의 경력이나 능력치에 따라 차등 지급되며 지역마다도 조금씩 다르다. 인테리어 업자들이야 반복된 공사를 통해 경험도 많이 쌓이고 데이터베이스도 계속 축적되며 신규 업체를 발굴하면서 원가도 낮출 수 있지만, 인테리어를 몇 번 해 봤거나 심지어 이제 처음 하는 사람들에게는 너무 낯설고 어렵다.

필자가 현역에 있을 때는 '공무' 업무라는 것도 담당했는데, 이는 모든 공사 관련 업무의 돈을 관리하는 일이다. 쉽게 말해 자재 및 노임에 대해 하나하나 계산해서 살림을 하는 것이다. 필요에 따라 물가 정보지와 품셈 기준을 참고해 일위대가를 작성해서 발주처와 금액 협의도 하고 협력사들의 억지스러운 추가 정산 금액을 조목조목 따져서 반려 시키는 일도 한다. 그만큼 계산이 빠르고 정확했다.

하지만 우리가 이번 단계에서 알아볼 예가 산출은 그런 것이 아니다. 큰 틀에서 정말 자주하는 공사에 대한 금액 산출 기준 정도만 알면 된다. 그러면 응용해서 사용할 수 있다.

일반적인 주택 인테리어의 공정은 생각보다 많지 않다. 지금 진행하고 있는 새시, 욕실, 가구, 조명, 수장(도배, 장판), 도장 공사 6개 공정 외에 목창호, 마루 정도다. 물론 세부적으로 들어가면 좀 더 많은 공정과 작업이 있을 수 있고, 해당 공정에 속한 항목도 다수 있긴 하지만 처음부터 이 모든 것을 다 알려고 할 필요는 없다. 기본적인 축이 마련되면 가지는 만들어 낼 수 있기 때문이다.

인테리어 공사를 진행하다 보면 어떤 공정은 자재비가 많이 나오고 어떤 공정은 노무비가 많이 나오는데, 이를 분류하다 보면 평균가격이라는 것이 나온다. 예산은 실제 집행한 공사 비용을 말하는 것이 아니다. 말 그대로 공사비가 대략 얼마 정도 나올 것이라고 예상하는 금액이다. 그렇기 때문에 원 단위 하나까지 딱 맞을 필요는 없다.

예산을 너무 타이트하게 잡으면 실행할 때 오버할 수 있기 때문에 약간은 여유 있게 잡는 게 좋다. '예산을 잡는다'는 것은 실제로 그 비용을 다 지출한다는 의미가 아니다. 실제 공사에 들어가기 전 업체별 견적 접수 단계에서 최대한 저렴한 업체를 찾으면 된다. 이 또한 4단계에서 자세히 알아볼 예정이다. 예산을 잡는 이유는 진행하고자 하는 공사의 전체 금액을 확인하기 위함이다. 그래야 부동산의 수익률을 미리 계산할 수 있기 때문이다.

이제부터 알아보게 될 공정별 예산의 근거는 필자의 오랜 노하우에서 만들어진 데이터 값이다. 모든 공정의 산출 근거에는 더 세부적인 내용들이 있는데, 그건 독자들에게 큰 의미가 없다. 왜냐하면 그런 금액들을 다시 각 공정별 조건에 맞게 가공해야 하는데, 그 가공된 값이 지금부터 필자가 알려 주는 데이터 값이기 때문이다. 필요에 따라 그 값을 조정해서 사용하면 된다. 사과나무를 키우지 않고도 사과를 바로 딸 수 있도록 만들어 주는 것이다.

그럼 공종(공사 종류)별 예산과 산출 근거를 알아보자.

① PL 창호(새시) 공사

막퍼줘 2호집의 새시 사양은 16m 복층유리 단창, 랩핑 없고 크리센트에 방충망이 하나 있는 것으로 결정했다.

새시는 앞서 언급했듯이 업체별로 기본 사양에 대한 성능이 크게 다르지 않다고 보고, C 등급에 해당하는 제조사의 제품을 기준으로 1m당 단가를 60만 원으로 정했다. 이렇게 단가를 60만 원으로 정할 수 있는 것이 바로 노하우다.

이제 단가에 길이만 곱하면 된다. 여기서 길이란 새시가 설치될 사이즈를 말하는데, 현장 방문 시에 미리 실측해 놓으면 좀 더 정확한 예산을 뽑을 수 있다.

2호집의 새시 길이는 5.6m. 그래서 예산은 60만 원×5.6m=336만 원이다. 만약 여기서 필름 랩핑을 추가하면 15만~35만 원이 올라가고, 자동 잠금장치 기능이 있는 레버핸들을 추가하면 개당 6만 원씩 금액을 더하면 된다. 또 16mm가 아닌 22mm 복층유리로 바꾸면 새시 가격의 10%를 올리고, 여기에 로이가 추가되면 다시 10% 정도를 올린다. 그런데 만약 단창이 아닌 이중창으로 바뀌면 어떻게 될까? 그때는 단창 가격의 60~70% 정도가 상승한다.

이 정도만 알고 있어도 웬만한 경우의 수는 대응할 수 있다. 다만 새시는 형태, 규격, 설치 방법 등에 따라 가격 차이가 날 수 있으니 참고하기 바란다.

② 욕실 공사

막퍼줘 2호집의 욕실 사양은 타일을 철거하지 않는 올수리다. 욕조를 철거하고, 벽과 바닥은 타일 덧방 시공을 하기로 했다. 또한 도기류, 수전류, 액세서리, 욕실장 및 천장까지 전체를 교체하기로 했다.

공사는 턴키Turn-key와 개별 발주 2가지로 가능하다. 턴키는 전체 공정을 일괄적으로 한 업체에 맡기는 것이고, 개별 발주는 말 그대로 타일은 타일 업체에, 세면기·양변기·수전류·액세서리는 설비 업체에, 욕실장은 가구 업체에, 천장재는 ABS 업체에 맡기는 것이다.

개별 발주하는 이유는 금액을 줄이기 위해서다. 하지만 욕실 공사에서의 개별 발주는 가격 면에서 턴키보다 메리트가 별로 없다. 오히려 공정이 늘어나다 보니 챙겨야 할 것만 더 많아진다. 그래서 단순히 양변기나 세면기만 교체해야 하는 것이 아니라면 턴키로 진행하는 것이 여러모로 좋다.

　　　　　　　집값 높여도 잘 팔리는 부동산 인테리어

욕실의 크기를 가로×세로×높이로 표현하면 1.5m×2.1m×2.2m가 일반적인 사이즈다. 이 사이즈를 기준으로 올수리(타일 덧방) 비용은 210만 원이다. 아래의 표를 통해 기본적인 올수리(타일 덧방) 견적 가격을 참고해 보자.

· 욕실 공사 견적 가격 예시(올수리 기준) ·

(단위: 원)

구분	마감 자재	수량	금액	비고
타일	벽타일	5.5평	198,000	36,000/평
	바닥타일	1.5평	54,000	
도기	양변기		96,000	
	세면기		78,000	
	세면기 부속		30,000	
수전	세면기 수전		48,000	
	해바라기 수전		108,000	
액세서리	수건걸이, 휴지걸이		36,000	
	코너 선반(유리)	2개	24,000	12,000/1개
욕실장	슬라이딩		144,000	
천장재	ABS 평돔(다운라이트 2개 포함)		240,000	
유가/트랜치	유가		7,200	
부자재	본드7000	3말	72,000	24,000/말
	백시멘트	1통	7,200	
노무비	타일 시공비		360,000	
	설비 시공비		240,000	
기타	철거 및 폐자재 반출		240,000	
	기타 잡비		120,000	
합계			2,102,400	

만약 타일을 덧방 시공이 아닌 철거 후 재시공(방수 포함)을 하면 여기에 80만~100만 원을 추가하면 된다. 2호집의 경우는 욕조만 부분 철거했는데, 이럴 경우에는 20만 원 정도가 추가된다. 여기에 파티션을 추가하면 10만~12만 원, 샤워부스는 45만~55만 원 정도를 추가하면 된다.

그럼 2호집의 욕실 공사 예산은 얼마가 될까? 덧방 기준 올수리에 욕조만 철거하면 되므로 210만 원에 20만 원을 더해서 230만 원을 예산으로 잡으면 된다.

③ 가구 공사

먼저 주방 가구의 사양을 알아보자.

PET 가구 표면재, PT 상판, 가전기기는 슬라이딩 레인지 후드만 있고, 싱크 수전은 입 수전 변경 없이 수전만 교체하는 것이다.

가장 기본적인 주방 가구의 예가는 PT 상판 기준으로 1m당 45만 원이다. 주방 가구를 제작할 때는 일반적으로 아래위로 상·하부장이 있는 경우와 하부장만 별도로 있는 경우 2가지가 있다. 그리고 45만 원/m은 상·하부장 둘 다 있는 경우를 말한다.

그런데 만약 하부장만 있을 때는 예산을 어떻게 잡아야 할까? 그때는 45만 원을 상·하부장 각각 20만 원, PT 상판 5만 원으로 다시 분계해서 계산하면 한다. 결국 하부장만 있을 경우는 하부장 20만 원, PT 상판 5만 원을 합쳐서 25만 원이 되는 것이다.

인테리어 공사 시 가장 많이 쓰이는 상판은 PT 외에 인조대리석도 있다. 상판을 인조대리석으로 할 경우에는 1m당 15만 원을 추가

집값 높여도 잘 팔리는 부동산 인테리어

로 더하면 된다. 즉 1m당 60만 원이 되는 것이다.

그럼 아래 그림처럼 2.6m 주방 쪽은 상·하부장이 모두 있고, 2m 주방 쪽은 하부장만 있다면 주방 가구의 예산은 얼마일까? 단, PT 상판과 인조대리석 상판일 때를 분리한다.

· 평면도 ·

자료: 네이버 부동산

· 주방 가구의 예가 산출 예시 ·

구분	예가 산출	산출 근거	비고
PT 상판	167만 원	2.6m×45만 원+2m×25만 원	슬라이드 쿡탑 포함
인조대리석 상판	236만 원	2.6m×60만 원+2m×40만 원	수전, 가전기기, 미드웨이 마감 제외

주방 가구를 제작하는 데 필요한 기본 금액인 45만 원/m에는 수전, 가전기기, 미드웨이 마감이 포함되어 있지 않다. 수전 자체만 변경하려면 5만 원 정도에 가능하고, 벽 수전을 입 수전으로 변경한다면 다시 8만~12만 원이 추가된다. 또 미드웨이에 타일을 붙여야 된다면 대략 15만 원이 상승하는데, 이때 타일은 철거하고 재시공하는 게 좋

다. 그런데 주방 가구 업체에서 타일을 붙이기도 하지만, 욕실 공사가 있다면 어차피 타일을 붙여야 하니 좀 더 저렴한 금액으로 진행할 수 있다.

마지막으로 냉장고장이 들어가는 경우가 있다. 냉장고장이란 말 그대로 냉장고가 들어가는 곳인데, 폭 1m에 상부에는 수납장이 있는 형태다. 이렇게 냉장고장을 계획할 때는 별도로 25만 원을 추가해 예산을 잡으면 된다.

· 냉장고장 구성 및 산출 기준 ·

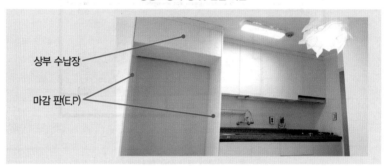

그럼 2호집의 주방 가구 예산은 얼마가 될까?

주방 가구의 길이는 1.8m이고 PT 상판에 상·하부장이 모두 있으며 레인지 후드를 제외한 다른 가전기기는 없는 대신 미드웨이에 타일을 붙여야 한다. 1.8m×45만 원+1.8m×20만 원+8만 원(입 수전 변경 없이 단순 교체)으로 계산해서 125만 원이다.

다음은 신발장인데, 신발장은 정말 간단하다. '자'당 15만 원으로 계산하면 된다. 여기서 자란 가구의 길이를 측정하는 단위인데 '1자(尺)=30.333cm'이다. 2호집의 신발장은 1m 미만으로 만들어야 하기

집값 높여도 잘 팔리는 부동산 인테리어

때문에 예산은 3자(90.9cm)에 15만 원을 곱해서 45만 원이 된다.

④ 조명 공사

직영으로 조명 공사를 할 때는 보통 조명기구를 조명가게나 인터넷에서 개별로 구입하고 작업자만 따로 붙여 시공하는 경우가 많다. 그래서 조명 공사의 예가를 산출할 때는 교체하고자 하는 등 기구의 종류와 개수가 중요하다. 왜냐하면 해당 등 기구에 제품의 단가를 곱해야 하기 때문이다.

또한 거실등은 평형에 따라 다르게 적용해야 하는데 일반적으로 20평형에는 2개 조합, 30평형 이상에는 3개 조합이 좋다. 그리고 그에 따라 가격도 달라진다.

· 평형대별 거실등 설치 사례 ·

등 기구는 종류와 제조사에 따라 금액대가 다양하다. 만약 조명에 좀 더 신경을 쓰고 싶다면 인터넷으로 제품을 검색해 보고 본인이 원하는 디자인의 제품 단가를 예산으로 잡아도 좋다.

조명 공사에서는 조명기구 외에도 챙겨야 할 부분이 하나 더 있는데, 바로 스위치와 콘센트다. 인테리어 공사를 아무리 깨끗하게 잘

구분	금액(원)	비고
현관등	25,000	센서등
거실등	180,000~350,000	평수에 따라 가격대가 다름
주방등	60,000	-
침실등(2EA)	70,000	-
발코니등	30,000	-

해도 이 두 가지를 교체하지 않으면 하다 만 듯한 느낌을 줄 수 있다. 그래서 필히 교체해 주는 것이 좋은데, 이때도 조명과 마찬가지로 개수를 정확히 파악하는 게 중요하다.

스위치와 콘센트는 종류에 따라 1구, 2구, 3구 등의 표현을 쓴다. 이는 버튼의 개수에 따라 다르게 불리는 것이다. 스위치의 경우는 5구와 6구도 있다.

콘센트는 원형 전화, 인터넷, CATV도 별도로 구매해야 한다. 가격은 버튼의 개수에 따라 다른데, 보통 개당 2,000~6,000원 정도다. 해당 제품들은 등 기구와 마찬가지로 조명가게에서 판매한다.

그리고 등 기구 6개와 스위치 및 콘센트의 전체 교체 비용은 통상적으로 15만~20만 원 정도 발생한다. 그리고 등 기구 추가 1개당 2만 원씩 증가시키면 되고, 만약 조명이 없는 위치에 증설하게 된다면 개당 4만~6만 원 정도가 추가된다.

• 스위치/콘센트의 종류 •

구분	1구	2구	4구
스위치			
콘센트			

원형 전화	인터넷	CATV

참고로 2호집의 조명 공사 예산은 57만 원으로 책정했다.

• 조명 공사의 예가 예시(막퍼줘 프로젝트 2호집) •

구분		금액(원)	비고
등 기구	현관등	25,000	센서등
	거실등	180,000	20평
	주방등	60,000	–
	침실등(2EA)	70,000	–
	발코니등	25,000	–
스위치·콘센트		60,000	–
시공비		150,000	–
합계		570,000	

⑤ 수장 공사

· 도배 예산

수장 공사 중에서 먼저 도배를 살펴보자.

도배 예산은 자재비와 시공비로 나눠서 계산해야 하는데, 특히 벽지의 종류에 따라 시공비도 달라지기 때문에 예가 산출에 주의해야 한다.

인테리어 공사 시 많이 사용하는 벽지는 합지 벽지와 실크 벽지다. 이 중 합지 벽지는 다시 소폭과 광폭으로 나뉘는데, 소폭은 벽지의 폭(W)이 53cm로 좁고, 광폭은 93cm로 넓은 편이다. 그런데 요즈음은 광폭 합지가 실크 벽지의 폭과 동일한 106cm로 제품이 나오기 때문에 만약 광폭 합지 벽지로 시공을 고려한다면 106cm를 추천한다.

도배지의 자재비 예산을 잡으려면 우선 해당 평형에 들어갈 도배지의 물량을 계산할 줄 알아야 한다. 정석대로 하자면 도배지가 붙는 천장과 벽체 부위의 치수를 정확히 계산해서 본인이 선택할 벽지의 패턴에 따른 로스분까지 고려해 물량을 뽑아야 한다. 하지만 이렇게 물량을 산출하는 것은 초보자들에게 쉬운 일이 아니다. 그러므로 해당 평형의 전용면적에 2배를 곱하고 다시 로스율 120%를 곱하면 좀 더 쉽게 산출할 수 있다. 이마저도 어렵다면 그냥 평형(분양 면적)의 2배만 곱해도 된다. 이렇게 하면 필요 물량이 좀 더 나올 수도 있지만, 10% 내외라 괜찮다.

그리고 단가는 소폭 합지 3,000원, 광폭 합지 6,000원, 실크 1만

집값 높여도 잘 팔리는 부동산 인테리어

2,000원으로 정하면 된다(이 단가에는 도배 작업을 하기 위한 부자재 비용이 포함되었고, 실크 벽지의 경우는 초배 작업을 위한 부직포 비용까지 포함된 가격이라고 보면 된다).

· 벽지 종류에 따른 도배 공사 예가 예시 ·

구분		단가(원)/평	59㎡(24평)	산출 근거
합지 벽지	소폭	3,000	144,000	3,000원 × 24평 × 2
	광폭	6,000	288,000	6,000원 × 24평 × 2
실크 벽지		12,000	576,000	12,000원 × 24평 × 2

그리고 시공비는 벽지의 종류와 평형에 따라서 다르다. 시공비는 도배공 인건비에 인원수를 곱하면 되는데, 일단 합지와 실크는 시공 방법부터 다르기 때문에 실크 벽지를 작업할 때 인원이 추가로 들어간다. 인건비도 예전에는 기능공 27만 원, 보조공 20만 원으로 나누는 경우가 있었지만, 업자들의 식대나 재활용 봉투 구입비 등이 들어가기 때문에 굳이 따로 나누지 않고 그냥 27만 원으로 정하면 된다.

· 도배 공사 시 작업자 인원 ·

구분	작업자 인원		
	10~20평형	30평형	40평형
합지 벽지	2인	3인	4인
실크 벽지	4인	5인	6인

※ 도배공 인건비: 25만~30만 원

막퍼줘 2호집의 경우 60㎡(18평)에 소폭 합지 벽지로 도배를 진행해서 64만 8,000원의 예산이 나왔다(만약 소폭 합지가 아닌 광폭 합지나 실크 벽지로 했다면 각각 75만 6,000원과 151만 2,000원이 나온다).

구분	물량	단가	합계
자재비	18평 × 2	3,000원	108,000원
시공비	2인	270,000원	540,000원
합계			648,000원

· 장판 예산

다음은 장판인데, 장판은 예가 산출이 도배지보다도 훨씬 간단하다.

장판은 하이팻트와 모노륨이 있는데, 하이팻트보다는 내구성이 강한 모노륨을 추천한다. 모노륨의 경우 1.8T를 가장 선호하지만, 두께 때문에 2.2T도 많이 쓴다.

막퍼줘 2호집의 장판 사양 1.8T 기준으로 예산은 18평에 단가 2만 5,000원을 곱해 45만 원이 들었다(단가 2만 5,000원에는 자재 및 부자재비, 시공비가 모두 포함되었다). 만약 2.2T를 하고 싶으면 단가를 3만 5,000원으로 계산하면 된다. 단, 10평 미만의 작은 평수라고 하더라도 기본적인 인건비가 있기 때문에 업계 최저 가격은 30만 원부터 시작한다.

• 장판의 예산 기준 •

(1평 기준)

모노륨	구분	1.8T	2.2T	비고
	단가	2만 5,000원	3만 5,000원	자재 및 부자재, 시공비 포함

⑥ 도장 공사

도장 공사는 예산에 따라 공사 범위가 결정되는 경우가 많다. 그래서 도장 공사의 예산은 공사 범위와 평형에 따라 다르게 구해야 한다. 단, 앞·뒤 발코니를 하고 나서 여유가 된다면 몰딩과 문짝·문틀 공사를 고려해야 한다.

참고로 목창호는 문짝 12만 원과 문틀 18만 원을 합쳐 30만 원/1세트(문짝만 별도 구입 가능)이다. 만약 이형 사이즈로 할 경우에는 가격이 올라간다.

그리고 천장을 계단 몰딩으로 할 경우 보통 PVC나 MDF로 하는데, 4,000원/EA(1EA=2.4m)이 든다.

· 도장 공사의 예산 예시 ·

구분	10~20평형	30평형	40평형	비고
앞 · 뒤 발코니	35만 원	50만 원	60만 원	곰팡이 방지 페인트
몰딩	12만 원	25만 원	35만 원	친환경 페인트
문짝 · 문틀	9만 원/세트			

18평인 막퍼줘 2호집의 경우, 앞·뒤 발코니에 곰팡이 방지 페인트를 칠하기로 했다. 몰딩은 없지만 4개의 문에 친환경 페인트를 시공하는 것이다. 예가를 산출해 보니 71만 원[35만 원(앞·뒤 발코니)+9만 원(문틀/문짝)×4EA]이 나왔다.

이렇게 해서 6개 공정에 대한 예가 산출이 완료되었다. 이제 웬만한 인테리어 예산은 뽑을 수 있을 것이다.

초보자들이 인테리어를 두려워하는 이유 중 하나가 바로 공사에 대한 적정 금액을 알 수 없기 때문인데, 예산이 계산되면 거기에 맞춰 견적만 제대로 받으면 된다. 다만 필자의 예가 산출 방법은 개인적인 노하우에 의해 만들어진 금액으로 지역과 현장 여건에 따라 다를 수 있음을 유의하자. 단적인 예로 같은 지역의 같은 빌라, 같은 평형이라도 1층과 탑층의 비용이 다를 수 있다. 자재 양중 비용이 추가되기 때문이다. 더군다나 엘리베이터 없이 계단을 이용해야 한다면 더더욱 그렇다.

모든 공정별 단가는 현장 여건에 따라 달라질 수 있음을 명심해야 한다.

4단계·견적 접수

중요한 단계다. 이전의 세 단계를 잘 준비해야 하는 이유는 견적 접수를 잘 받기 위함이라고 해도 과언이 아니다. 또한 이 단계에서 결정된 업체가 최종 공사를 진행하기 때문에 나와 합을 잘 맞출 수 있을지도 판단해야 한다. 견적이 아무리 저렴하더라도 고객의 요구 사항에 대응이 늦고, 전화 연결도 잘되지 않는 업체라면 실제 공사를 진행해도 비슷한 상황이 반복될 가능성이 높다.

인테리어 업체에 견적을 받아야 하는 상황이 생겼을 때 어떤 식으로 진행하는가? 인터넷 검색으로 알아본 업체들은 왠지 믿음이 가지 않고 그냥 하자니 막막하고, 그러다 보면 자연스럽게 인테리어를 해 봤던 주변 사람에게 소개받거나 동네에 있는 인테리어 업체에 가서 견적 한번 받고 진행하는 경우가 많다.

필자도 업체를 소개해 달라는 전화를 많이 받지만 대부분 정중히 사양한다. 두 가지 이유 때문이다. 우선 첫 번째는 A라는 업체가 필자와는 공사를 잘 완료했지만 소개해 준 사람과도 그럴 거라는 보장이 없어서이다. 업체가 필자와 일할 때는 진행 중인 현장이 이곳뿐이라 사장을 포함해 모든 직원이 오로지 내 현장에만 올인하면서 신경을 써 줬지만, 소개해 준 집을 공사할 때는 현장이 너무 많아져서 꼼꼼히 신경 써서 챙기지 못해 마감이 거칠어질 수도 있다.

또 인테리어라는 게 클라이언트가 어떻게 작업 지시를 하느냐에 따라 업자들의 대응이 달라지는 경우도 많다. 예를 들면, 필자가 문제 되는 사항을 조목조목 집어서 어떤 식으로 공사해 달라고 정확히 요청하는 것과 이런 구체적인 내용 없이 그냥 "반장님, 예쁘게 잘 부탁드립니다"라고 말하는 것에는 상당한 차이가 있다. 후자의 상황에서는 하자가 발생하더라도 업자들이 "그거 원래 그런 거예요"라며 말도 안 되는 핑계를 대거나 은근슬쩍 뭉개고 넘기려는 경우가 많다. 그래서 업체를 소개해 준다는 건 참 어려운 일이다.

견적 잘 받는 노하우

견적을 잘 받는 것에도 노하우가 있다. 모든 공정의 공사 견적은 첫 번째로 거래하는 부동산에 문의하면 좋다. 매수인이든 임차인이든 누군가는 집에 실거주를 하게 된다. 좋은 임대인이라면 임차인이 얘기하기 전에 미리미리 하자 보수도 하고 필요에 따라 도배, 장판을 교체하기도 한다. 하지만 그렇지 못한 임대인을 만나면 간단한 수리조

차도 "당신이 사는 중에 생긴 문제니까 그냥 알아서 해결 하세요"라는 대답을 들을 수 있다.

그럼 어쨌든 본인이 처리해야 한다. 임대인이든 임차인이든 인테리어를 해야 하는 상황이라면 가장 먼저 자기와 거래했던 그 지역 부동산에 연락해서 자문을 구하는 게 좋다. 많은 사람이 인테리어 문제로 부동산에 연락하다 보니 일 잘하는 중개업소 소장은 인테리어 업체부터 공정별 업자들까지 모두 알고 있는 경우가 많다. 그래서 인테리어 업체를 알아볼 때는 항상 1번으로 부동산 중개업소에 자문을 구해야 한다.

두 번째는 동네 인테리어 업체를 방문해 보는 것이다. 이런 업체들의 좋은 점은 동네에서 장사하는 업체이다 보니 사장님이 친절하고 가격 또한 저렴한 곳이 많다는 것이다. 또 견적을 도급으로 받더라도 전체 공사가 아닌 필요한 공정만 따로 진행할 수도 있고, 이래저래 잡다한 일과 애매한 공사들을 의뢰하기에도 좋다.

세 번째는 인터넷으로 손품을 파는 것이다. 사실 손품을 엄청 팔아야 발품이 줄어든다. 손품을 팔더라도 해당 지역 주변 업체들 위주로 찾아야 하고, 괜찮은 업체를 찾았다고 해서 무턱대고 찾아가지 말고 필히 통화를 먼저 해 보고 사이트에 올라온 글이 정말 맞는지 확인해야 한다. 대화를 통해 업자와 합이 잘 맞을지 파악하는 것도 중요하다.

인터넷 포털 사이트에 들어가면 공정별 업자들을 쉽게 구할 수 있는 온라인 카페가 많다. 급할 때는 정말 요긴하게 써먹을 수 있는 장점이 있지만, 개인적으로는 그렇게 추천하지 않는다. 일단 작업자들

집값 높여도 잘 팔리는 부동산 인테리어

의 실력을 검증할 수가 없다. 완전 복불복이다. 일을 잘하는 업자를 만나면 정말 감사한 일이지만, '어떻게 이 실력으로 일을 할 수가 있지? 인건비 자체가 아깝다'라는 생각이 들게 하는 업자도 많다. 많아도 너무나 많다.

이런 업자들의 가장 큰 문제는 책임감도 없다는 것이다. 공사를 거칠게 하는 건 기본이고, 하자 보수는 꿈도 꿀 수 없다. 심지어 A/S를 보는 당일 현장에 도착했다고 하고서는 잠수를 타는 경우도 있다. 그래서 웬만하면 추천하지 않는다. 그럴 땐 차라리 동네 철물점이나 인력 사무소 사장님에게 물어봐서 소개받는 게 더 낫다. 소개해 준 분들 때문이라도 잘해 주는 경우가 많다.

아무튼 견적을 잘 받기 위해서는 상기 사항을 기본으로 공정들마다 전략적인 접근이 필요하다. 그럼 어떻게 하면 각 공사별로 업자들을 잘 고를 수 있는지 막퍼줘 2호집의 실전 사례를 통해 살펴보도록 하자.

① PL 창호(새시) 공사

막퍼줘 2호집은 서울 노원구 상계동에 위치한 아파트다. 그럼 새시 업체를 찾을 때도 상계동에 있는, 아니면 적어도 노원구에 있는 업체를 찾아야 한다. 본인이 수원에 산다고 해서 수원 근처의 새시 업체를 찾는 게 아니라 상계동에 위치한 업체를 찾아야 한다는 것이다. 그중에서도 본인이 살거나 임대할 단지의 새시 공사를 가장 많이 한 업체를 찾는 게 중요하다. 새시는 발코니의 형태에 따라 설치되는 모양이 다를 수 있기 때문에 같은 아파트를 많이 해 본 업자가 아무래도 노하우도 많고 가격도 저렴한 법이다.

그리고 하나 더 체크해야 할 사항은 '세금계산서' 발행이 가능한 업체인지 확인하는 것이다. 부동산을 매매하면 양도소득세를 내야 하는데, 이때 새시는 필요경비로 인정받을 수 있기 때문이다.

인테리어 공사에는 다양한 공정이 있다. 그중 새시 및 발코니 확장 공사 비용, 난방시설 교체 비용(보일러 등)은 필요경비로 인정받을 수 있다. 그런데 만약 세금계산서가 발행되지 않으면 경비 처리가 어려워질 수 있으니 계약 전 필히 확인해야 한다.

새시 업체에 견적을 의뢰하면 금액만 달랑 적어서 주는 경우가 있다. 이럴 때는 설치되는 새시가 어디 제품인지 정확히 확인해야 한다. 새시는 제품의 브랜드에 따라 가격이 다르고, 설령 같은 브랜드의 제품이라도 업체들 간의 구조적인 문제 때문에 가격이 달라질 수 있다. 새시가 시공되기까지는 크게 3개의 관계 업체가 얽혀 있다.

원자재를 이용해 새시의 요소요소를 만들어 내는 제조사와 이를

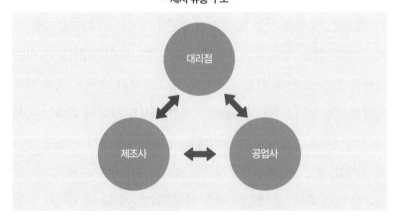

· 새시 유통 구조 ·

집값 높여도 잘 팔리는 부동산 인테리어

가공하고 조립하는 공업사, 그리고 최종 시공하는 대리점(흔히들 이 대리점을 새시 업체라고 부름)이다.

제조사는 발주량이 적은 대리점보다는 많은 대리점에 좀 더 저렴한 금액으로 납품하고, 싸게 물건을 받은 대리점은 소비자에게 공급 가격을 낮게 제시할 수 있어 경쟁력이 생긴다. 제조사로부터 공급받는 금액이 낮아야 대리점의 경쟁력이 생기다 보니 업체들 간의 눈치 싸움이 치열하다. 그런데 재미난 것은 이런 대리점들이 한 제조사의 브랜드만 고집하는 게 아니라 여러 브랜드를 같이 취급한다는 점이다. 예를 들어, 영림을 메인으로 취급하지만 LG 제품도 싸게 공급할 수 있다는 것이다. 그래서 견적을 받을 때는 업체가 취급하는 브랜드가 어떤 것들이 있는지 확인하고 같이 견적을 받아 보는 것이 좋다.

견적을 받았을 때 A 등급의 브랜드가 C 등급의 브랜드와 가격이 크게 차이 나지 않는다면 선택의 폭이 넓어진다.

새시 공사의 견적 접수 기준을 정리해 보자.

공종	내용	비고
PL 창호(새시) 공사	자신이 살거나 임대할 단지 내 위치해 있으며, 해당 아파트 거래 실적이 많은 업체를 구한다.	세금계산서 발행이 가능해야 하고, 취급하는 브랜드별로 견적을 요청해야 한다.

② 욕실 공사

욕실 공사는 벽·바닥 타일 시공부터 각종 도기, 수전류 및 액세서리, 그리고 천장 공사까지 한 번에 끝낼 수 있는 업체를 찾는 게 좋다.

그렇다면, 이런 업체들은 어디에 있을까? 일반적으로 가장 많이 알려진 을지로 방산시장을 비롯해 안양 유통단지, 디에스대성하우징, 일산 JC자재백화점, 광주 건축자재공구백화점 등 지역별로 곳곳에 많이 있다. 이런 대형 종합 건자재상들의 좋은 점은 한자리에서 모든 욕실 자재를 같이 볼 수 있다는 것이다.

· 안양 유통단지와 단지 내 욕실 리모델링 업체 매장 ·

견적 받는 요령은 욕실의 사이즈를 알려 주고 "덧방 시공할 예정 인데, 가장 기본 마감으로 금액을 뽑아 주세요"라고 얘기한다. 그럼

집값 높여도 잘 팔리는 부동산 인테리어

매장이 그렇게 바쁘지 않은 상황이라면 그 자리에서 바로 견적을 뽑아 준다.

견적이 나오면 견적서에 명시된 제품이 어떤 것들인지 매장에서 눈으로 직접 확인하면 된다. 그리고 기본 사양에 포함되지 않는 마감들, 예를 들어 샤워부스나 돌출선반(현장 용어로 '젠다이'라고 하며 칫솔이나 치약, 비누받침대 등 자잘한 욕실 용품을 말끔히 정리할 수 있도록 세면대 위에 설치하는 선반) 등을 추가 견적 요청하면 된다.

그런데 만약 2호집처럼 단순히 욕조만 추가로 철거해야 되는 상황이라면 어떻게 하는 게 좋을까? 처음부터 철거를 전제로 얘기하지 말고 일단은 견적을 받은 뒤에 다시 철거 얘기를 꺼내면 좋다. 욕실 타일을 전체 철거 후 재시공하지 않고 단순히 덧방 시공만 하더라도 천장재, 양변기, 세면기, 욕실장, 수전류 및 액세서리 등 기본적인 마감재들은 1차로 철거해야 한다. 이때 마음씨 좋은 사장님들은 욕조 철거비를 별도로 받지 않고 기존 철거 시에 같이 해 주는 경우도 있기 때문이다. 그렇게 되면 욕조 철거비 35만 원을 자연스럽게 줄일 수 있다.

욕실 공사 전체를 진행할 수 있는 업체는 비단 이런 대형 자재업체만 있는 것이 아니다. 동네 타일 가게 역시 필요한 것들은 그런대로 갖춰져 있다.

동네 타일 가게 중에도 의외로 가격이 괜찮은 곳이 많다. 막퍼줘 5, 6호집의 경우도 이런 동네 타일 가게를 통해 진행했다. 사실 대형 종합 건자재상들이 집 근처에 있는 경우가 아니라면 하루 날 잡고 가야 하지만, 이렇게 동네에 있는 작은 가게들은 바쁜 직장인들의 시간 부담을 줄여 줄 수 있다. 다만 동네 장사라고 해서 무조건 싸지는 않으니까 잘 비교해 본 후 결정하는 것이 좋다.

이 외에도 인터넷에 '욕실 리모델링'으로 검색하면 많은 업체가 나온다.

이들 중에는 덧방 기준 올수리 가격이 200만 원(중국산 기준) 정도부터 시작하는 업체도 있다. 오로지 가격만 고려한다면 이용해 보는 것도 나쁘지 않다. 하지만 벽타일 사이즈가 요즈음 많이 쓰는 300mm×600mm가 아닌, 250mm×400mm인 것을 알고 있어야 한다. 물론 다른 제품으로 변경하는 것도 가능하지만, 사이즈를 바꾸거나 국산으로 변경하면 비용이 추가로 발생해서 상담을 받다 보면 어느새 300만 원 언저리에 와 있는 경우도 많다.

한샘바스, 이누스바스(IS 동서), 대림바스 등의 기업에서도 욕실만 공사하는 별도의 리모델링 사업부를 운영하기도 한다. 가장 저렴한 모델도 240만 원이 넘긴 하지만, 공사 후 A/S 문제가 신경 쓰이거나 영세한 업체에 머리 아프기 싫다면 고려해 볼 만하다. 다만, 판매되는 모델 중 '패널' 제품(홈쇼핑에서 많이 판매됨)은 타일이 아니기 때문에 해당 업체와 제대로 상담한 후 선택하는 게 좋다.

욕실 공사의 견적 접수 기준을 정리해 보자.

공종	내용	비고
욕실 공사	욕실 마감 전체 시공 가능 업체	대형 종합 건자재상 및 동네 타일 가게

 남 대표의 **인테리어 깨알** TIP

욕실 전체 수리 비용의 필요경비 인정 여부

2017년 9월, 욕실 공사와 관련해서 기분 좋은 소식이 있었다. 바로 욕실 전체 수리 비용은 경비 처리가 가능하다는 조세심판원의 심판 결정이 있었던 것이다. 이제까지는 새시 및 발코니 확장 공사 비용, 난방시설 교체 비용(보일러 등)만 필요경비로 인정받았는데, 욕실 전체 수리 비용이 추가된 것이다. 다만 계약 서나 이체 내역, 간이 영수증은 효력이 없으니 확실한 증빙이 가능한 세금계 산서, 현금영수증, 신용카드 매출전표 등을 챙기는 게 좋다.

이런 점만 보더라도 욕실 공사는 개별로 진행하기보다 묶어서 턴키 방식으로 진행하는 게 좋다. 다만, 모든 경우에 해당된다고 볼 수는 없기에 꼼꼼히 따 져 볼 필요는 있다.

조세심판원의 심판 결정(2017중2254)

화장실 수리는 단순한 일부 기기의 교체를 넘어 화장실을 전반적으로 개량하 여 쟁점 아파트의 가치를 현실적으로 증가시키는 정도에 이르렀을 것으로 보 이는 점에 비추어 볼 때 화장실 전체 수리 비용은, '자본적 지출'에 해당하는 것으로 보이므로 이를 필요경비에 산입하여 과세표준 세액을 경정하는 것이 타당하다고 판단됨

③ 가구 공사

일반적으로 주방 가구 제작 업체에서 신발장도 같이 만들기 때문에 주방 가구 업체를 찾으면 신발장은 자동으로 해결되는 경우가 많다. 따라서 신발장만 제작하는 업체를 찾기보다는 주방 가구 제작업체를 먼저 찾아야 한다.

좋은 주방 가구 업체 찾는 법

그럼 어떤 주방 가구 업체를 찾는 게 좋을까? 우선은 새시와 마찬가지로 해당 아파트의 시공을 많이 해 본 업체가 좋다. 하지만 가구 공사의 경우 이것보다 더 중요한 점이 있다. 바로, 자체 공장이 있는 업체를 선택하는 것이다. 그래야 가격이 조금이라도 더 저렴해진다.

가구는 다른 공정들과 다르게 공사 전 실측을 해야 하고(물론 새시도 실측은 한다), 현장에 보유하고 있는 마감재의 종류와 고객의 니즈에 맞춰 디자인을 결정하고, 약속된 날짜에 가구를 설치해야 하는 작업이다.

그러다 보니 공장에서 제작 가능한 자재의 보유 현황이나 업무 스케줄, 그리고 무엇보다 고객이 원하는 사양을 바로바로 대응해 줄 수 있어야 한다. 공장 없이 매장만 있는 업체들은 이런 일들을 원활하게 진행하기가 어렵다. 실제로 같이 작업해 보면 공장이 있는 업체와 없는 업체의 업무 능력 차이가 크다. 왜 이렇게 차이가 날까? 그건 물건을 파는 업체와 제작하는 업체가 서로 다르기 때문이다.

보통 이런 업체들은 도심 외각에 있는 가구 공장에 하청을 주는 경우가 많은데, 문제는 이 공장이 한 업체에서만 일을 받는 것이 아니

집값 높여도 잘 팔리는 부동산 인테리어

라 많은 업체에서 동시에 일을 받는다는 점이다. 고객 입장에서는 한 다리 거쳐서 진행되다 보니 당연히 대응도 잘 안되고 답답해질 수밖에 없는 상황이 생길 수 있다.

· 주방 가구 공장 내·외부 ·

주방 가구 견적을 받을 때 기억해야 할 중요한 점이 하나 더 있다. 견적 의뢰 시 PT 상판과 인조대리석 상판의 견적을 같이 받는 것이다.

예산을 짜고 업체별 견적을 받다 보면 생각보다 여유가 있어서 PT를 인조대리석으로 바꾸고 싶을 때가 있다. 하지만 뒤늦게 사양을 올려서 재견적을 요청하면 1m당 15만 원 정도가 아닌 정말 말도 안 되는 비싼 금액을 부르는 경우가 있다. 그리고 반대로 처음에 인조대리석으로 견적을 받았다가 금액이 부담스러워서 PT로 견적을 요청했는데도 가격이 별로 낮아지지 않는 경우도 있다. 이럴 때 업체 사장님들의 답변은 대부분 동일하다.

PT에서 인조대리석으로 변경했는데 금액이 너무 많이 오른 경우,

"아이고, 당연하지요. PT하고 인조대리석하고 금액 비교가 안 되

죠. 당연히 많이 오릅니다."

인조대리석에서 PT로 변경했는데 금액 차이가 별로 나지 않는 경우,

"요즈음 PT도 상당히 잘 나와요. 금액 차이가 별로 없어요."

그래서 항상 견적을 받을 때는 둘 다 받아 놓아야 한다.

대략적인 견적이 완료되면 마지막으로 챙겨야 할 것이 하나 더 있다. 바로 설계 도면을 받는 일이다.

여기서 도면이란 건설사나 인테리어 회사에서 드로잉하는 정밀한 수준의 도면을 말하는 것이 아니다. 대략 어떤 식으로 가구가 설치될 것이라는 형태만 제대로 보여 주는 도면이면 된다.

도면을 받는 이유는 크게 두 가지 때문이다. 첫째, 서로 협의한 디자인이 어떤 식으로 가구에 반영되어서 제작되는지 제대로 알 수 있다. 이때 만약 서로 협의한 내용으로 도면이 작성되어 있지 않으면 업체에 수정 작업을 요청해서 최종 협의 완료된 도면을 가지고 있어야 한다.

둘째, 공사가 완료되고 난 후 현장에 갔을 때(물론 현장에 상주하면서 계속 체크하는 것이 가장 좋다) 당초 협의된 내용과 다르게 시공되어 있으면 해당 도면을 기준으로 A/S를 요청할 수 있다. 그래서 공사가 완료됐다고 하더라도 눈으로 직접 확인하기 전까지 공사비 잔금을 보내서는 안 된다. 설령 공사가 잘못됐어도 배부른 작업자는 다시 오지 않는 경우가 많기 때문이다.

실제 막퍼줘 4호집의 경우에도 협의대로 공사가 안 됐는데 도면마저 제대로 챙기질 못해 의뢰인이 속상해했다.

가구 공사의 견적 접수 기준을 정리해 보자.

집값 높여도 잘 팔리는 부동산 인테리어

공종	내용	비고
가구 공사	해당 아파트 거래 실적이 많은 업체	자체 공장 보유 여부를 확인하고 PT, 인조대리석 2개 사양으로 견적 요청

④ 조명 공사

조명 공사는 보통 자재와 시공이 나눠져서 진행되기 때문에 굳이 동네에 위치한 조명가게를 찾아갈 필요는 없다. 조명을 구입했다 하더라도 조명가게 사장의 소개로 단순히 전기 작업만 하러 오는 작업자가 많기 때문이다. 그렇기 때문에 조명 공사는 최대한 손품, 발품을 팔아서 자재를 싸게 매입하고 작업자만 따로 붙이는 방식으로 진행하는 것이 좋다.

조명 자재를 싸게 구입하는 방법

자재를 싸게 구입하는 첫 번째 방법은 욕실 공사 견적을 받을 때처럼 대형 종합 건자재상을 이용하는 것이다. 여기에는 욕실뿐만 아니라 조명, 도배, 마루, 가구 등 인테리어 관련 업체가 모두 다 있기 때문에 필요한 공정에 맞는 업체를 잘 찾아서 쓰면 된다.

두 번째 방법은 인터넷 사이트를 참고하는 것이다. '조명'이라는 단어 하나만 입력해도 수백만 개가 넘는 관련 상품이 검색된다. 진정 손품의 실력을 발휘할 때다.

조명 작업자는 조명가게, 부동산 중개업소, 철물점, 인력회사 등에 연락하거나 아파트의 관리 사무소에 전화해서 구할 수도 있다.

조명 공사의 견적 접수 기준을 정리해 보자.

공종	내용	비고
조명 공사	대형 종합 건자재상이나 인터넷 검색을 통해 자재 (조명 기기)만 따로 매입	작업자 별도 섭외 필요

⑤ 수장 공사

도배와 장판 공사는 단지 내에 위치한 업체들이 가장 저렴할 때가 많다.

아파트에 이사 가면 가장 많이 하는 것이 무엇인가? 바로 도배, 장판이다. 단지가 크면 클수록 물량이 받쳐 주기 때문에 해당 아파트만 공사해도 운영이 가능하다.

하지만 요즈음 소비자들은 바보가 아니다. 단지 내에 있다고 무조건 공사를 의뢰하지 않는다. 꼼꼼하게 견적을 받아 보고 비교해서 '같은 가격이라면 이왕 하는 거 단지 내에 있는 곳으로 하자'고 생각

• 아파트 단지 내 수장(도배, 장판) 업체 •

한다. 그래서 단지 내 업체들도 이런 손님들을 붙잡기 위해서 견적을 싸게 넣는 것이다.

단지 내 업체들은 보통 부부가 운영하면서 아내는 상담과 주문을 받고, 남편이 직접 공사하는 경우가 많다. 그래서 얘기만 잘하면 원래의 견적 금액에서 좀 더 싸게 해 주기도 한다. 아무래도 단지 내에서 오랫동안 장사를 하다 보니 비교적 A/S도 잘 대응해 주는 편이다.

그런데 만약 이런 업체가 단지 내에 하나 더 있다면(견적이 동일하다는 전제하에) 어떤 업체를 선정하는 게 좋을까? 그럼 샘플 책자가 많은 곳을 선택하는 게 좋다.

도배지는 롤 단위로 판매하는데, 실크 벽지 기준으로 한 롤은 대략 5평 정도 된다. 그런데 만약 고객이 2평 정도만 포인트 벽지를 하고 싶어 한다면, 나머지 3평은 업자가 고스란히 떠안을 수밖에 없다. 그래서 되도록 포인트 벽지가 없는 방향으로 고객을 유도하고, 고객이 원하는 디자인과 상관없이 업자 본인들이 싸게 물건을 받을 수 있는 제품 위주로 추천하는 경우가 많다. 이때 판단할 수 있는 기준이 바로 업체에서 보여 주는 샘플 책자의 개수인 것이다.

샘플 책자가 많은 곳은 그만큼 취급하는 종류가 많다는 것이고, 그에 비례해 고객들은 선택의 폭이 넓어지게 마련이다.

수장 공사의 견적 접수 기준을 정리해 보자.

공종	내용	비고
수장 공사	단지 내 위치한 업체 또는 대형 종합 건재상	샘플 책자가 많은 곳 선정

⑥ 도장 공사

도장 공사는 다른 공정에 비해서 비교적 자유롭게 견적을 받을 수 있다. 욕실이나 조명 공사와 같이 종합 건자재상을 이용하거나, 수장 공사처럼 단지 내 업체에 견적을 의뢰해도 좋고, 동네에 있는 페인트 가게를 활용할 수도 있다.

· 페인트 대리점들 ·

집값 높여도 잘 팔리는 부동산 인테리어

도장 공사의 견적 접수 기준을 정리해 보자.

공종	내용	비고
도장 공사	대형 종합 건자재상, 단지 내 위치한 업체, 동네 페인트 대리점	복수 업체 문의 후 금액 비교

 남 대표의 인테리어 깨알 TIP

인테리어 견적 낼 때 유용한 사이트

▶ **집닥** zipdoc.co.kr/index.do
집닥은 직접 공사하는 업체가 아니라 인테리어 업체를 연결해 주는 플랫폼 기업이다.
업체에 견적을 신청하면 집닥에 등록되어 있는 파트너사 중 2~3군데에서 연락이 온다. 해당 업체들은 현장 방문 후에 견적서를 보내 준다. 또한 집닥을 통해 업체의 공사 실적을 미리 볼 수도 있다.

▶ **박목수의 열린 견적서** cafe.naver.com/pcarpenter
▶ **인테리어 최저가 카페** cafe.naver.com/giftdaymall
두 사이트 모두 네이버 카페를 기반으로 운영되는데, 특히 박목수의 열린 견적서 카페의 경우 회원이 40만 명이 넘는 대형 커뮤니티다.
두 카페의 장점은 '공동 구매'다. 건설사에서 모델하우스를 만드는 것처럼 샘플하우스를 하나 정해 놓고 해당 상품과 똑같이 올수리 혹은 부분 수리를 하는 조건으로 가격을 할인해 주는, 이른바 박리다매식의 영업도 진행한다.

▶ **인기통** cafe.naver.com/0404ab
집닥, 박목수의 열린 견적서, 인테리어 최저가 카페는 모두 인테리어 공사를 전체 혹은 부분으로 진행하는 업체들인 데 반해 인기통은 시공업자를 구인할 수 있는, 카페 회원이 75만 명이 넘는 대형 플랫폼이다.

인테리어에서부터 건축, 토목까지 다양한 종류의 기술자가 많다. 특히 연락처가 기재되어 있어 공사 진행 중 업자가 펑크를 내거나 급하게 작업자를 섭외할 때 요긴하게 쓰인다.

▶ 숨고 soomgo.com

숨고는 인테리어 업체부터 작업자까지 해당 공사 지역에 맞춤형으로 찾아 주는 서비스다. 마루 보수, 줄눈 보수 같은 간단한 하자 보수 공사부터 보일러나 온수기 수리, 악취 및 곰팡이 제거 등과 같이 다양한 종류의 작업자들을 찾을 때 유용하다. 이와 유사한 형태의 플랫폼으로 크몽 kmong.com도 참고할 만하다.

이런 사이트를 이용해 본 사람들의 후기를 읽어 보면 어떤 사람은 정말 만족했다고 하고, 또 어떤 사람은 화가 머리끝까지 날 정도로 서비스가 엉망이었다고 한다. 그렇다. 해당 사이트들의 가장 큰 문제는 업체나 작업자를 검증하는 데 한계가 있다는 것이다.

아무리 리뷰가 좋고, 사이트에 후기가 잘 올라와도 실제로 본인이 해 보지 않으면 알 수 없다. 참 안타까운 일이지만 좋은 사람 만나기는 복불복이다. 그래서 공사 의뢰를 할 때는 실무자를 통해서 자세히 상담을 받아 보거나, 그게 여의찮으면 유선으로라도 충분히 대화를 나눠 보는 게 중요하다.

업체들에게 견적을 받을 때는 중요한 기준이 하나 있는데, 예산에 근접하지 않은 견적은 잊어버리는 것이 좋다는 것이다. 예를 들어, 주방 가구의 예산이 200만 원인데 견적이 300만 원이라면 예산에서 150% 초과했으므로 이런 업체와는 금액 협상을 하는 게 무의미하다. 그냥 거르면 된다.

업체와 금액 협상을 하는 것은 예산의 10% 이내여야 한다. 만약 당초 계획했던 예산 안에 들어오는 업체라면 금액을 더 줄이면 좋고, 그게 어려우면 같은 금액에서 사양을 좀 더 올리거나 추가로 어떤 부분을 더 해 달라고 요구하는 전략을 써야 한다. 그리고 10%가 초과하면 똑같은 조건으로 예산 내 금액으로 낮추는 협상을 진행해야 한다.

집값 높여도 잘 팔리는 부동산 인테리어

도급 공사 견적을 받을 때 유용한 팁을 질문을 통해 알아보자.

Q. 5월에 부모님 댁을 올수리하고자 오늘 처음으로 도급 공사 견적서를 받아
보았습니다. 총 3군데에서 견적을 받았는데, 금액대가 모두 다르고 차이가
커서 놀랐습니다.
가급적 직영 공사로 진행하고 싶은데, 어떻게 해야 할까요?

· 거주지: 서울시 강동구 24평 아파트
· 거주자: 부모님
· 상태: 2000년에 입주해 중간에 도배 · 장판만 1번 교체

(단위: 원)

구분	A 인테리어	비고	B 인테리어	비고	C 인테리어	비고
베란다 섀시	3,300,000	LG Zin	2,300,000	LG하이섀시 (발코니 전용창)	3,400,000	LG
도배(광폭 합지)	1,200,000	LG, DID, 신한 중 선택	700,000		900,000	
강마루	2,400,000	구정	2,600,000	LG(걸레받이 포함)	2,500,000	걸레받이 포함
페인트칠	2,340,000	베란다, 방문, 문틀, 창문, 창틀, 보일러실				
방문 리폼	850,000	4EA, 문선 몰딩 교체, 임방 디자인 등				
문틀 제거	450,000	3EA				
몰딩	600,000	영림몰딩, 거실/주방/방 3	800,000	영림몰딩, 거실/주방/방 3		
걸레받이	500,000	영림몰딩, 거실/주방/방 3				
싱크대	3,000,000	사제, 3구 가스 쿡탑 및 후드(하츠) 포함	3,600,000	현대리바트 (사제는 200만 원)	2,500,000	사제(상판 인조대리석, 후드 포함)
싱크대 부공사	500,000	타일 교체 및 수도 교체			400,000	주방 타일
베란다 수납장	500,000	하이그로시	450,000		400,000	
전기 공사	300,000	스위치, 콘센트, 등 교체(등은 별도 구입)	850,000	LED 사각등, 스위치, 콘센트, 등 교체	450,000	
신발장	600,000	문짝 3, 중앙 전신거울	550,000	문짝 2, 전신거울	700,000	
현관 바닥타일	700,000	300mm×300mm	800,000		850,000	
화장실	3,300,000	샤워 파티션, 대림 도기	2,800,000	샤워 파티션, 대림 도기/수전	2,700,000	샤워 파티션, 대림 도기/수전
베란다 타일	700,000		800,000		850,000	

구분	A 인테리어	비고	B 인테리어	비고	C 인테리어	비고
철거 공사	300,000	싱크대/신발장 철거 및 폐자재 반출				
비디오폰			350,000	현대	300,000	
공과 잡비	700,000		500,000		750,000	
합계	22,240,000	서비스(빨래건조대, 현관문 내부 리폼)	17,100,000		16,700,000	서비스(빨래건조대, 입주 청소)

A. 업체에서 견적을 받을 때 가장 중요한 것은 동일한 내역으로 견적을 받는 것입니다. 그래야 업체 간의 금액 경쟁력을 비교할 수 있겠죠. 해당 견적을 보면 A 인테리어 업체에는 있지만 B, C 인테리어 업체에는 없는 내역들이 있습니다. 이럴 경우 동일한 기준으로 견적 비교가 어렵습니다.

(단위: 원)

구분	A 인테리어	비고	B 인테리어	비고	C 인테리어	비고
베란다 섀시	3,300,000	LG Zin	2,300,000	LG하이새시 (발코니 전용창)	3,400,000	LG
도배(광폭 합지)	1,200,000	LG, DID, 신한 중 선택	700,000		900,000	
강마루	2,400,000	구정	2,600,000	LG(걸레받이 포함)	2,500,000	걸레받이 포함
페인트칠	2,340,000	베란다, 방문, 문틀, 창문, 창틀, 보일러실				
방문 리폼	850,000	4EA, 문선 몰딩 교체, 임방 디자인 등				
문틀 제거	450,000	3EA				
몰딩	600,000	영림몰딩, 거실/주방/방 3	800,000	영림몰딩, 거실/주방/방 3		
걸레받이	500,000	영림몰딩, 거실/주방/방 3				
싱크대	3,000,000	사제, 3구 가스 쿡탑 및 후드(하츠) 포함	3,600,000	현대리바트 (사제는 200만 원)	2,500,000	사제(상판 인조대리석, 후드 포함)
싱크대 부공사	500,000	타일 교체 및 수도 교체			400,000	주방 타일
베란다 수납장	500,000	하이그로시	450,000		400,000	
전기 공사	300,000	스위치, 콘센트, 등 교체(등은 별도 구입)	850,000	LED 사각등, 스위치, 콘센트, 등 교체	450,000	
신발장	600,000	문짝 3, 중앙 전신거울	550,000	문짝 2, 전신거울	700,000	
현관 바닥타일	700,000	300mm×300mm	800,000		850,000	
화장실	3,300,000	샤워 파티션, 대림 도기	2,800,000	샤워 파티션, 대림 도기/수전	2,700,000	샤워 파티션, 대림 도기/수전
베란다 타일	700,000		800,000		850,000	
철거 공사	300,000	싱크대/신발장 철거 및 폐자재 반출				

집값 높여도 잘 팔리는 부동산 인테리어

비디오폰			350,000	현대	300,000	
공과 잡비	700,000		500,000		750,000	
합계	22,240,000	서비스(빨래건조대, 현관 문 내부 리폼)	17,100,000		16,700,000	서비스(빨래건조대, 입주 청소)

이렇게 금액이 있는 게 있고 없는 게 있으면 안 된다는 얘기죠. 그래서 아래 순서대로 재작업이 필요합니다.

① 빠져 있는 공사 금액을 나머지 두 업체 중 싼 금액으로 모두 입력한다.
② 3개 업체의 금액 중 '가장 낮은 견적가'로 새로운 내역을 하나 만든다.

이 작업만으로도 300만 원가량 절감됩니다.
그리고 유사 공정들은 묶는 게 좋습니다. 그럼 중복으로 계산된 인건비를 줄일 수가 있고요, 해당 공정들도 공사 순서대로 내역서를 정리하면 견적서가 훨씬 눈에 잘 들어옵니다.
위 두 사항을 한꺼번에 정리한 내역을 보면 다음과 같습니다.

(단위: 원)

공사 순서	분류	구분	A인테리어	A인테리어-1	B인테리어	B인테리어-1	C인테리어	C인테리어-1	가장 낮은 견적가
	철거	문틀 제거	300,000	300,000	–	300,000	–	300,000	300,000
		철거 공사	450,000	450,000	–	450,000	–	450,000	450,000
	새시	베란다 새시	3,300,000	3,300,000	2,300,000	2,300,000	3,400,000	3,400,000	2,300,000
	욕실	화장실	3,300,000	3,300,000	2,800,000	2,800,000	2,700,000	2,700,000	2,700,000
	도장	페인트칠	2,340,000	2,340,000	–	2,340,000	–	2,340,000	2,340,000
	목공	방문 리폼	850,000	850,000	–	850,000	–	850,000	850,000
		몰딩	600,000	600,000	800,000	800,000	–	600,000	600,000
		걸레받이	500,000	500,000	–	500,000	–	500,000	500,000
	타일	현관 바닥타일	700,000	700,000	800,000	800,000	850,000	850,000	700,000
		베란다 타일	700,000	700,000	800,000	800,000	850,000	850,000	700,000
	마루	강마루	2,400,000	2,400,000	2,600,000	2,600,000	2,500,000	2,500,000	2,400,000

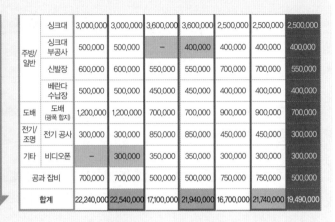

주방/일반	싱크대	3,000,000	3,000,000	3,600,000	3,600,000	2,500,000	2,500,000	2,500,000
	싱크대 부공사	500,000	500,000	–	400,000	400,000	400,000	400,000
	신발장	600,000	600,000	550,000	550,000	700,000	700,000	550,000
	베란다 수납장	500,000	500,000	450,000	450,000	400,000	400,000	400,000
도배	도배 (광폭 합지)	1,200,000	1,200,000	700,000	700,000	900,000	900,000	700,000
전기/조명	전기 공사	300,000	300,000	850,000	850,000	450,000	450,000	300,000
기타	비디오폰	–	300,000	350,000	350,000	300,000	300,000	300,000
	공과 잡비	700,000	700,000	500,000	500,000	750,000	750,000	500,000
	합계	22,240,000	22,540,000	17,100,000	21,940,000	16,700,000	21,740,000	19,490,000

물론 이런 방법이 무조건 맞는다는 건 아닙니다. 업체마다 경쟁력 있는 아이템은 전략적으로 싸게 견적하는 경우가 많거든요. 그래서 이런 금액들만을 묶어서 내역을 만드는 건 약간(?)의 문제가 있을 수 있습니다. 다만, 업체가 견적 낸 내역의 사양을 정확히 파악하고 원하는 원가의 제품으로 퀄리티를 조절한다면 충분히 가능한 방법입니다.

이렇게 큰 틀에서 금액을 정리하고, 세부적인 작업을 직영 혹은 셀프 공사로 병행해서 진행하면 공사비를 좀 더 절감할 수 있습니다.

5단계 · 마감재 선정

현장 점검을 통해 공사 범위를 결정한 뒤 자재 사양을 정하고 예가를 산출해서 업체 견적까지 받아 보았다. 초절감 인테리어 7단계 중 4단계까지 알아본 것이다.

지금까지는 진행하려는 인테리어 금액이 얼마인지 예산을 뽑아 보고 그 안에서 최대한 비용을 줄이기 위해 노력했다면, 이번 단계는 비용을 줄이는 단계가 아니다.

5단계인 마감재 선정은 모델하우스를 통해 알아본 인테리어 콘셉트, 전체적인 컬러 밸런스, 디자인 아이덴티티를 활용해서 정해진 금액으로 가성비를 최대치로 올려 공간의 가치를 살리는 과정이다.

막퍼줘 2호 집은 18평 소형 아파트이다 보니 공간이 물리적으로 좁았다. 이때 좁은 공간을 넓게 보이게 하는 가장 확실한 방법은 전체를 화이트로 연출하는 것이다. 그래서 벽과 천장을 화이트 톤의 같은 벽지로 마감하고 주방 가구 또한 화이트로 계획했다. 또한 현관에 들어서면 바로 보이는 미닫이문을 철거해서 공간을 확장하고 거실처럼 사용할 수 있도록 했다.

· 답답해 보이는 침실 미닫이문 ·

그럼 공정별로 마감재 선정 방법을 자세히 알아보자(필름 랩핑이 없는 새시는 마감재를 선택할 게 없다. 그냥 패스해도 좋다).

① 욕실 공사

· 타일

욕실 마감재 중 가장 중요한 것은 뭐니 뭐니 해도 타일이다. 어떤 타일을 사용하느냐에 따라 공간의 분위기가 완전히 달라지기 때문이다. 아파트의 욕실 타일을 선택할 때는 '벽은 밝게, 바닥은 벽보다 조금 어둡게' 이 한 가지 원칙만 기억하면 된다.

앞서 본 모델하우스를 떠올려 보라. 욕실 타일의 선정 기준이 무엇이었는가?

· 84㎡ 공용 욕실(좌), 부부 욕실(우) ·

자료: 강동에코포레

벽타일은 무광택에 약간의 아이보리 컬러가 가미된 밝은 계열의 타일을 사용했고, 바닥은 벽보다 조금 진한 타일을 사용했다.

벽을 밝게 하는 이유는 욕실을 넓어 보이게 하기 위함도 있지만 청결해 보이게 하기 위함도 있다. 특히나 욕실은 위생 관리를 잘해야

집값 높여도 잘 팔리는 부동산 인테리어

하기 때문에 어두운 컬러보다는 밝은 컬러가 좋다. 2호집도 모델하우스와 동일한 방법으로 타일을 선택했다.

타일 가게마다 보유하고 있는 타일이 다르고 중국산도 많다 보니 벽지처럼 품번(상품번호)을 통해 같은 제품을 찾기가 어렵다. 그래서 스타일을 잘 기억해 둬야 한다. 벽타일은 밝은 계열의 아이보리 무광 타일로 찾아보자.

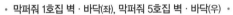

· 막퍼줘 1호집 벽 · 바닥(좌), 막퍼줘 5호집 벽 · 바닥(우) ·

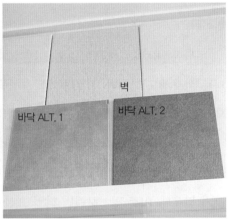

예전에는 번쩍번쩍 빛나는 유광 타일이 거의 대부분이었지만, 요즈음은 무광이 대세다. 타일 표면은 약간의 터치감이 있으면 좀 더 세련돼 보인다.

욕실 벽타일을 선택할 때 패턴(타일 무늬)도 많이들 선호한다. 그런데 패턴은 천연석 느낌의 고급스러움을 줄 수도 있지만, 너무 과하면 자칫 지저분해 보일 수도 있다. 인테리어 경험이 많지 않은 사람은 무난하게 솔리드한 타일을 선택하는 게 실패할 확률을 줄이는 방

법이다.

바닥은 벽보다 조금 어두운 그레이 계열이 좋다. 벽과 비슷한 컬러를 사용해도 되지만, 벽보다 바닥을 조금 짙게 누르면 공간이 안정돼 보이는 효과가 있다.

바닥타일을 선택할 때는 또 하나 고려해야 할 것이 있는데, 바로 논슬립 기능이다. 욕실은 물을 사용하는 공간이라 특히 미끄러짐 사고가 많은데, 이를 방지하려면 타일 표면에 논슬립 기능이 있어야 낙상 사고를 줄이고 안전하게 이용하기 때문이다.

· 패턴 타일(좌)과 솔리드 타일(우) ·

집값 높여도 잘 팔리는 부동산 인테리어

논슬립 기능이 있는 제품인지 확인하기 위해서는 직접 만져 보면 된다. 타일 표면이 반들거리는 제품 또는 까끌까끌한 제품이 있는데, 까끌까끌한 제품이 논슬립 기능이 있는 타일이다. 바닥타일은 필히 만져 보고 이를 확인하는 게 중요하다.

타일을 선정할 때는 사이즈도 고려해야 하는데, 바닥타일 300mm(W)×300mm(H), 벽타일 300mm(W)×600mm(H) 제품을 추천한다. 그래야 바닥과 벽이 만나는 줄눈 부위가 정확히 일치해서 더욱 미려해 보이기 때문이다.

· 벽타일과 바닥타일의 줄눈을 맞춘 사례 ·

하지만 타일이 이렇게 정수로 떨어지는 제품만 있는 것은 아니다. 297mm, 295mm 등처럼 300mm가 안 되는 제품도 많다. 이때는 바닥타일의 W와 벽타일의 W가 같은 제품을 고르면 된다.

만약 이런 내용들을 모르고 사이즈가 다른 타일을 골랐다면 작업자에게 벽과 바닥의 줄눈을 최대한 맞춰 달라고 부탁해 보자.

· **양변기**

양변기는 물탱크가 바디body에 붙어 있는 원피스 타입과 떨어져 있는 투피스 타입이 있다. 물탱크의 높이가 낮은 것을 로우low 탱크, 높은 것을 하이high 탱크라고 부른다.

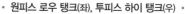
· 원피스 로우 탱크(좌), 투피스 하이 탱크(우) ·

원피스는 물탱크와 바디의 이음새가 없어 위생적이고 물이 내려 갈 때 소음이 적을 뿐만 아니라, 투피스에 비해 디자인이 예쁘다는 장점이 있다. 그런데 투피스는 10만 원 미만의 제품도 많은 데 비해 원피스는 20만 원 정도로 가격 차이가 난다. 그래서 필자는 저렴하게 할 경우에는 별 고민 없이 투피스를 선택한다.

· **세면기**

세면기는 물을 담을 수 있는 '세면 볼'과 '다리' 부분으로 나뉘는데, 세면기 다리는 배관을 가려 주는 커버cover 역할을 한다. 다리가 길면 긴다리 세면기, 짧으면 반다리 세면기라고 부른다.

집값 높여도 잘 팔리는 부동산 인테리어

• 긴다리·바닥 배수, 반다리·벽 배수 •

예전에는 배수구의 위치에 따라 바닥에 있으면 긴다리, 벽에 있으면 반다리를 사용했다. 하지만 요즈음은 바닥 배수도 반다리 제품을 사용할 수 있다.

• 반다리 세면기 바닥 배수 사례 •

가격은 반다리보다 긴다리가 싸다. 다리가 분리형이 아닌 일체형으로 나오는 제품들도 있는데, 양변기의 원피스 타입처럼 이음새가 없어 위생적인 장점이 있지만 가격이 비싸다. 그래서 저렴하게 하고 싶을 때는 긴다리 분리형을 사용하면 된다.

· 세면기 수전의 잘못된 설치 사례 ·

세면기는 양변기와 다르게 수전을 별도로 구입해야 한다. 위의 사진은 세면기의 수전을 잘못 선택한 경우인데, 수전이 너무 짧으면 제대로 손을 씻을 수가 없기 때문에 주의해서 선택해야 한다.

욕조나 샤워부스가 없는 좁은 욕실에는 세면기와 샤워 수전 겸용 제품을 사용하면 좋다.

· 세면기와 샤워 수전 겸용 제품 ·

집값 높여도 잘 팔리는 부동산 인테리어

또한, 세면기는 볼의 형태에 따라 원형볼과 사각볼로 나눌 수 있다. 원형볼과 달리 물을 직각으로 받는 사각볼은 물이 많이 튈 수 있기 때문에, 사각볼을 선택할 때는 볼의 깊이가 깊은 제품이 좋다.

· 욕실장

욕실장은 여닫이장, 플랩장, 슬라이딩장 등 종류가 다양하다.

욕실장은 도어와 바디 부분으로 나뉘는데, 바디의 컬러는 어두운 색보다 밝은색이 좋고 도어가 은경으로 된 제품이 좋다. 은경 도어는 거울 역할도 하고 공간을 넓어 보이게 하는 장점도 있기 때문이다.

· 오픈 방법에 따른 욕실장 종류들 ·

가격은 여닫이장이나 플랩장보다 슬라이딩장이 조금 더 비싸다. 하지만 요즈음 분양하는 아파트는 대부분 수납량이 많은 슬라이딩장으로 계획하는 경우가 많다.

슬라이딩장은 욕실의 구조에 따라 적절하게 사용하는 것이 중요하다.

욕실장 자체의 깊이(120~150mm)가 있기 때문에 아래 좌측 사진의 빨간 화살표 부분처럼 벽체가 튀어나온 곳(현장에서는 '젠다이'라는 표현을 쓴다)에 설치해야 안전하다. 만약 아래의 우측 사진처럼 벽체가 없는 곳에 설치하면 세면기를 사용하기에 불편하고, 또 세수를 하고 얼굴을 들 때 자칫하면 욕실장에 머리를 찍혀 다칠 수도 있으므로 주의해야 한다.

세면기 뒤 벽체를 조성하면 수납량이 많은 슬라이딩장을 안전하게 사용할 수 있고, 튀어나온 깊이만큼 인조대리석(혹은 엔지니어드스톤)을 올려 수납공간으로도 활용할 수 있다. 그래서 필요에 따라서는 벽체를 만들기도 하는데, 대략 20만 원 정도의 추가 비용이 발생한다.

• 세면기에 돌출벽체(젠다이)가 있을 경우: 슬라이딩장의 올바른 사용 예(좌), 잘못된 사용 예(우) •

세면기에 튀어나온 벽체가 없을 때는 심플하게 거울만 붙이는 것이 좋다. 그리고 거울을 선택할 때는 3mm 단판 거울만 달랑 붙이는 것보다 10mm 알루미늄 프레임으로 마감된 거울을 사용하면 좋다.

집값 높여도 잘 팔리는 부동산 인테리어

• 돌출벽체(젠다이)가 없을 경우 욕실장 설치 사례(장+거울) •

・ **천장재**

천장재에는 ABS, SMC, PVC 제품이 있다.

SMC는 유리 섬유 소재로 내구성이 약하고, 시간이 지나면 광택이 사라져 변색되기도 한다. 또 절단 시 가루가 많이 날리기 때문에 호흡기 질환이나 아토피를 유발할 수도 있다. 그래서 요즈음 건설사에서는 ABS 제품을 많이 사용한다.

ABS는 플라스틱 소재로 내구성이 좋고 잘 변색되지 않는 장점이 있는데, 모양에 따라 아치형의 '돔dome'과 일자형의 '평平'으로 구분된다. 실무에서는 아치형을 '돔', 일자형을 '평돔'이라고도 부른다.

분양 아파트는 거의 대부분 평 천장으로 시공된다. 가끔 평 천장을 선택했는데 점검구만 돔으로 올 수도 있으니 자재 입고 시에 다시한번 확인하는 게 좋다.

도급 공사로 시공할 때는 간혹 업체에서 PVC로 공사하는 경우가

있다. PVC 천장재는 ABS보다 저렴해서 예전부터 많이 사용했고, 요즘음도 사용하는 건설사가 있다. 550mm 정도의 PVC 패널을 옆으로 이어서 시공하는 것을 말한다. 그러다 보니 천장에 줄눈처럼 라인이 생겨서 디자인적으로 ABS보다 미려하지 못하다.

그럼 ABS와 PVC 천장은 어떻게 구별할까?

ABS는 벽체에서 튀어나온 타일 위에 올리고 실리콘으로 마감하면 공사가 끝나는 데 반해, PVC는 타일과 만나는 부위에 별도의 몰딩 시공을 또 해야 한다. ABS 점검구는 별도의 프레임이 없기 때문에 PVC와 쉽게 구별할 수 있다.

• PVC 욕실 천장재(좌), ABS 욕실 천장재(우) •

② 가구 공사

· 주방 가구

주방 가구는 모델하우스에서도 무수히 강조했듯이 인테리어 디자인을 시작하는 중요한 공간이다. 막펴줘 2호집의 좁은 공간을 넓게 보이도록 하기 위해 화이트 모던 콘셉트로 접근했고, 주방 가구 또한 화이트로 심플하게 연출할 계획을 세웠다.

하지만 심플하게 하더라도 어느 곳에 포인트를 주느냐에 따라 결과가 다를 수 있기 때문에 전체적인 밸런스를 잘 맞춰야 한다. 주방 가구를 계획할 때는 순서가 있다. 무턱대고 상판 정하고 가전기기 넣고 하는 게 아니라, 단계별 과정을 잘 진행해야 멋진 주방 가구를 만들 수 있는 것이다. 그럼 해당 공사 순서를 자세히 알아보자.

1. 배치 및 형태

기존 가구를 철거하고 재시공할 때는 기존 가구와 똑같은 형태로 할 것인지, 아니면 배치를 바꿀 것인지 먼저 결정해야 한다. 2호집의 주방 가구를 살펴보자.

냉장고 자리 1m를 띄우고 우측 벽과 완전히 붙어 있는 일자형 1.8m 주방이었다. 가구의 배치를 변경할 수 있을까? 여기서 배치를 변경한다는 얘기는 기존 주방의 위치를 전혀 다른 곳으로 옮긴다는 것이 아니라 일자형 주방에 추가로 'ㄱ자' 주방을 만든다거나 아일랜드를 설치하는 것을 의미하는데, 이 공간에서 가능할까?

• 막퍼줘 2호집의 기존 주방 가구 위치 •

• 주방 가구 레이아웃Layout 구상 •

　①처럼 하부장을 연장하면 냉장고 자리가 없어지고, ②처럼 아일랜드장을 설치하면 주방이 너무 좁아진다. 그렇다고 ③에 아일랜드장을 설치하면 현관 입구에서부터 가구가 막아선 꼴이 된다. 안타깝지만 여기서는 가구 배치를 변경하는 게 어렵다.

　그럼 형태만이라도 예쁘게 변화시켜 보자. 2호집은 주방 가구의 길이도 짧은데 후드도 천장까지 올라간 제품이라 수납량이 상당히

· 레인지 후드 변경 전(좌), 변경 후(우) ·

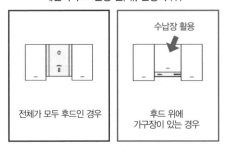

수납장 활용

전체가 모두 후드인 경우

후드 위에
가구장이 있는 경우

자료: 하츠

부족했다. 이런 경우 후드 위에 가구장을 짜서 조금이라도 수납량을 늘려 주는 게 좋다. 이때는 슬라이딩 후드를 많이 사용한다.

다음은 상부장의 높이다. 주방 가구 설계 시 예전부터 적용해 오던 휴먼스케일Human Scale이 있다. 휴먼스케일이란 인간의 체격을 기준으로 한 척도를 말하는데 건축, 인테리어, 가구 등 다양한 분야

· 주방 가구 휴먼스케일 ·

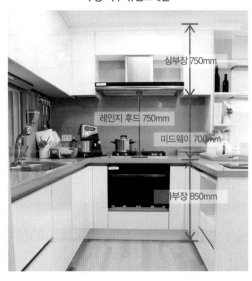

상부장 750mm

레인지 후드 750mm

미드웨이 700mm

하부장 850mm

에서 사용하고 있다. 천장 높이가 2,300mm라고 가정할 때 주방 가구에서의 휴먼스케일은 하부장 높이 850mm, 미드웨이 700mm, 레인지 후드 750mm, 상부장 높이 800mm를 적용한다.

이때 레인지 후드를 기존 상부장보다 5cm 정도 위로 올리는 이유는 곰솥과 같은 대용량 주방용기를 올렸을 때도 후드에 방해가 되지 않게 하기 위함이다. 하지만 5cm가 올라가면서 상부장과 단차가 나는데 그 모양새가 예쁘지 않고, 또 요즈음 젊은 사람들은 그렇게 큰 솥을 올려서 사용하지도 않는다. 그래서 필자는 레인지 후드를 상부장 라인에 맞추고 후드 위를 수납장으로 활용할 수 있는 형태로 계획했다.

이렇게 디자인하면 아주 심플하면서도 수납량을 늘릴 수 있기 때문에 두 마리 토끼를 다 잡을 수 있다.

· 상부장 계획 시 레인지 후드와 라인을 맞추면 보기에 좋다 ·

2. 컬러 및 마감재

배치 및 형태가 결정되고 나면 가구 컬러를 결정한다. 콘셉트가 화이트 모던이기 때문에 밝게 연출해야 한다. 모델하우스 소형 평형의 주방 가구 디자인을 기억해 보자.

집값 높여도 잘 팔리는 부동산 인테리어

신반포 센트럴자이

DMC 롯데캐슬 더 퍼스트

상·하부장을 무광 화이트로 하고 상판과 미드웨이 컬러를 조금 짙게 하면, 공간이 밝아 보이는 동시에 확장돼 보일 수 있다고 했다. 여기서도 마찬가지로 적용하면 된다. 마감재를 협의하러 업체에 방문 하면 샘플북을 보여 준다.

샘플북을 보면 표면이 매끈한 것부터 울퉁불퉁 요철이 있는 것, 무늬목과 같은 패턴이 있거나 빨강, 그린과 같은 원색에 가까운 컬러 등 다양한 종류의 샘플이 있다.

하지만 표면이 매끈한 화이트 무광은 많아 봐야 1~2종류다. 그럼 둘 중에 어떤 걸 선택하면 좋을까? 그때는 '우윳빛깔'을 생각하면 된 다. 엄청나게 밝은 화이트를 '슈퍼 화이트'라고 부르는데, 너무 밝은 흰 색은 오히려 공간을 차갑고 창백하게 만들 수 있기 때문에 다음 사진 의 화살표 부분처럼 흰색에 약간의 아이보리가 들어간 컬러가 좋다.

그런데 업체 사장이 이렇게 말할 수 있다.

"그거는 사람들이 잘 안 써요. 그냥 유광 하이그로시로 해야 후회

하지 않으실 거예요."

이 한마디에 대부분의 사람이 흔들린다. 그리고 이제까지 머리에서 그렸던 콘셉트를 버리고 변경하는 경우가 많은데, 절대 흔들리지 마라. 공사가 끝나면 200% 만족할 것이다.

· 84㎡ 주방 가구 디자인 사례 ·

e편한세상 강동에코포레

송도SK뷰 센트럴

상·하부장의 컬러가 올 화이트라서 다소 밋밋하다는 생각이 들면 하부장 정도는 진하게 연출하는 것도 나쁘지 않다.

주로 30평형대에 많이 적용하는 방법이라고 설명했지만, 취향에 따라 선택해도 좋다. 다만, 짙은 컬러가 위쪽에 있으면 심리적으로 불안감을 느낄 수 있기 때문에 주의해야 한다.

· 하부장이 밝고 상부장이 어두울 경우 마감이 불안해 보일 수 있다 ·

3. 상판과 미드웨이 타일 및 손잡이

2호집은 비용을 절감하기 위해 인조대리석이 아닌 PT 상판으로 결정했다. 사실 인조대리석은 샘플만 봐도 아주 매끄럽고 윤이 나기 때문에 충동적으로 변경하는 경우가 많은데, 그렇게 되면 예산이 초과된다는 사실을 명심해야 한다.

대부분의 업체가 PT 상판을 2가지 종류만 가지고 있다. 밝은색 아니면 어두운색. 심지어는 둘 중에 하나만 취급하는 곳도 있기 때문

에 상황에 맞춰서 유연하게 대응할 필요가 있다.

모델하우스의 경우처럼 PT 상판을 짙은 컬러로 하고 미드웨이 타일을 같은 색으로 맞추면 좋지만, PT의 종류가 2가지밖에 안 되다 보니 PT 상판이 블랙일 때 미드웨이 타일까지 블랙으로 하기에는 부담스러운 부분이 있다. 물론 두 컬러를 꼭 맞춰야 하는 것은 아니다.

그래서 PT 상판과 미드웨이 타일을 화이트로 하는 대신 손잡이를 니켈Nickel 컬러로 적용하면 손잡이 자체가 포인트가 되면서 가구를 밋밋하지 않게 연출할 수 있다.

· PT 상판 컬러: 밝은색(좌), 어두운색(우) ·

집값 높여도 잘 팔리는 부동산 인테리어

· 주방 가구 매입 손잡이 C찬넬의 종류 ·

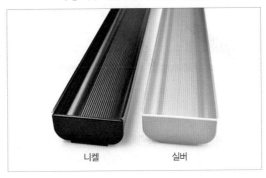

니켈　　　　실버

여기서 주방 가구 손잡이에 대해서 좀 더 알아보자.

손잡이가 별것 아닌 것 같아도 어떤 걸 선택하느냐에 따라 느낌이 달라진다. 돌출형, 일체형, 매입형 3가지 종류가 있다.

· 주방 가구 하부장의 손잡이 종류 ·

돌출형은 도어에 별도의 손잡이가 노출되도록 부착한 것이기 때문에 한눈에 쉽게 알아볼 수 있다. 손잡이의 모양과 종류도 엄청나게 많다.

자료: 손잡이 닷컴

그러나 일체형과 매입형은 언뜻 보기에는 잘 구별하기 어렵다. 하지만 문을 열면 확연히 차이가 난다.

• 일체형 손잡이(좌), 매입형 손잡이(우) •

일체형은 도어에 손잡이가 일자로 붙어 있는 것이고, 매입형은 도어에 손잡이가 없는 대신에 C찬넬이 손잡이 역할을 한다.

• 매입형 손잡이(C찬넬) 확대 이미지 •

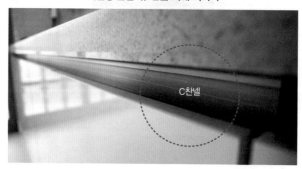

집값 높여도 잘 팔리는 부동산 인테리어

모델하우스에서는 대부분 매입형 손잡이를 사용한다. 다만, C찬넬처럼 값싼 제품이 아니라 MDF 목대로 제작한다는 점이 다르다.

• 매입형 손잡이(MDF 목대) 확대 이미지 •

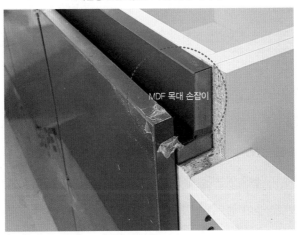

3가지 손잡이는 가격이 동일하다. 손잡이를 매입형으로 했다고 비용이 추가되지 않고, 가장 저렴해 보이는 돌출 손잡이를 했다고 해서 금액을 빼 주지 않는다.

하지만 매입 손잡이로 해 달라고 정확히 요구하지 않으면 대부분 일체형으로 제작해 오기 때문에 마감재 협의 시 필히 요청해야 한다.

· 신발장

주방 가구가 끝나면 신발장은 자동적으로 결정이 난다. 모델하우스에서 신발장 마감이 어떻게 정해졌는지 생각해 보라.

주방 가구의 상부장과 키큰장의 컬러를 그대로 신발장에 가져가고 주방 가구 목대 손잡이 컬러를 신발장 손잡이와 같은 컬러로 맞췄다. 2호집도 모델하우스와 동일하게 적용하면 된다. 또 신발장 문을 열었을 때 바닥에 있는 신발들이 쓸려 다니지 않고 일상적으로 사용하는 신발을 놓아 둘 수 있도록 신발장 하부를 30cm 띄우고, 여유가 된다면 신발장에 거울을 달 수도 있다. 모델하우스 디자인 방법을 그대로 벤치마킹하면 되는 것이다.

· 주방 가구에서 사용한 마감재 ·

집값 높여도 잘 팔리는 부동산 인테리어

• 강동에코포레 주방 가구 · 신발장 마감재 •

상부장&키큰장
KCC PDE01(PET)

장식장&손잡이
KCC PDE05(PET)

③ 조명 공사

조명 공사는 자재를 별도로 매입하고 작업자만 붙여서 진행하는 경우가 많기 때문에 어떤 조명을 고르는 게 좋을지 잘 파악해 놓아야 한다. 이것 또한 모델하우스에 적용되는 제품과 비슷한 형태로 찾으면 실패하지 않는다.

다음의 등 기구들은 모델하우스에 적용되는 전등을 종류별로 묶어 본 것이다. 어디에나 잘 어울리는 등이다. 특히 거실등과 침실등은 벽지를 고르는 방법처럼 같은 시리즈에서 선택하는 것이 좋다.

• 각 실별 조명 종류 •

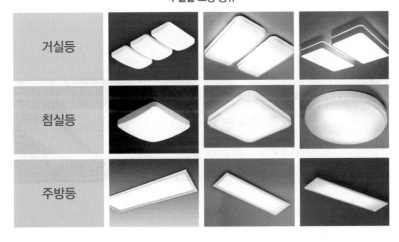

거실등

침실등

주방등

이런 모양과 형태의 제품을 인터넷을 통해서 구입해도 되고, 종합 건재상이나 동네 조명가게에서 매입해도 된다. 그런데 앞에서 언급한 것처럼 각 실별 전등의 전력(W)이 다르기 때문에 이를 참고해서 구입해야 한다.

만약 임대를 위한 집이라면 모델하우스처럼 심플하고 무난한 제품이 좋다. 그리고 조명을 고를 때는 빛이 어느 방향에서 나오느냐도 중요하다.

아래 사진은 거실용 조명인데, 육안으로 보기에는 같은 종류의 등 3개처럼 보인다. 하지만 스위치를 켜면 중앙의 등만 빛이 나오는 형태가 다른데, 양쪽 등과 달리 빛이 전면뿐만 아니라 테두리에서도 나온다. 즉 3개의 등 중에서 좌우 양쪽의 프레임은 빛이 투과되지 않지만, 중앙의 등은 사각 테두리까지 모두 빛이 나올 수 있도록 제작된 것이다.

똑같은 전력이라고 하더라도 중앙이 훨씬 밝아 보이기 때문에 등을 하나만 설치할 경우에는 빛이 투과되지 않는 제품보다 투과되는 제품이 좀 더 밝다.

• 프레임의 형태에 따라 밝기가 다른 조명 •

집값 높여도 잘 팔리는 부동산 인테리어

④ 수장 공사

· 도배지

예전에는 방방마다 색깔이 다른 꽃무늬 벽지가 발라져 있거나, 문양이 아주 큰 벽지가 많았다. 하지만 요즈음은 이런 벽지를 선호하는 사람이 그리 많지 않다.

· 강동에코포레 침실 벽지 ·

그럼 어떤 벽지가 대세일까? 모델하우스를 떠올려 보자.

그렇다. 무지 벽지다. 문양이 세거나 화려한 것보다 별도의 패턴 없이 솔리드한 컬러가 편안하다. 포인트 벽지 또한 같은 시리즈에서 선택한 제품들이라 공간을 차분하게 하고 안정감을 준다. 다만, 집이 소형 평수일 경우에는 포인트를 주기보다 벽지와 천장지를 하나로 통일해서 전체를 밝게 마감하면 공간이 훨씬 넓어 보이는 효과를 줄 수 있다.

막퍼줘 2호집의 경우에도 벽지와 천장지를 동일한 화이트 계열로 선택했고, 비용 절감을 위해 소폭 합지로 결정했다.

• 막퍼줘 2호집이 선택한 벽지(소폭 합지) •

· 장판과 마루

장판과 마루는 바닥의 대표적인 마감재다. 일반적인 마감재들(벽지, 타일, 도장 등)을 표현할 때는 그 정도에 따라 밝거나 어둡거나 혹은 채도가 높거나 낮다는 표현을 쓰는 데 반해, 유독 바닥재만 메이플maple, 오크oak, 월넛walnut이라는 표현을 쓴다. 그 이유는 각각의 나무가 가진 패턴과 컬러를 수종에 빗대어 표현하기 때문이다.

메이플(단풍나무)은 밝은색, 오크(떡갈나무)는 중간색, 월넛(호두나무)은 어두운색으로 나뉘는데 같은 제조사의 메이플이라 하더라도 종류가 많고 다양하기 때문에 선택의 폭이 넓다.

· 바닥재 종류 ·

자료: LG하우시스

집값 높여도 잘 팔리는 부동산 인테리어

그럼 소형 평형의 장판은 어떤 종류를 선택하면 좋을까?

밝은 게 좋다. 그래서 화이트에 가까운 메이플이 좋다.

바닥재는 컬러만큼이나 패턴도 중요한데, 여기서의 패턴은 나무의 결을 만들어 내는 나이테를 어떻게 자르는지에 따라 달라진다. 현장 용어로 '마사まさめ'와 '이다메いため'라는 표현을 많이 사용한다. 마사는 나이테 방향과 수직으로 잘라 곧은결로 만드는 것이고, 이다메는 비스듬히 잘라 무늬결로 만드는 것이다.

· 곧은결(좌)과 무늬결(우) ·

장판이든 마루든 마사와 이다메가 적당히 섞인 제품이 좋다. 하지만 소형 평형일수록 이다메의 비중을 줄여 주는 게 좋은데, 좁은 바닥에 이다메가 너무 많이 있으면 오히려 지저분하고 정신없어 보일 수 있기 때문이다. 같은 맥락으로 소형 평수에는 헤링본, 쉐브런 형태의 모양은 피하는 게 좋다.

⑤ 도장 공사

도장 공사의 기본은 화이트다. 하지만 현관문 혹은 자녀방이나 부부 침실의 방문에 민트, 블루 등과 같은 특색 있는 컬러를 사용하거나 작업실로 사용할 공간의 벽면을 짙은 그레이 컬러로 스타일리쉬하게 연출하면 공간에 활력을 불어 넣고 특색 있는 포인트가 될 수도 있다. 다만 제품을 선택할 때 유성이 아닌 수성 친환경 페인트를 구입하는 게 좋다.

• 침실 벽 도장(페인트) •

6단계·공정표 작성

마감재 선정까지 끝나고 나면 이제 해당하는 공정들의 업체와 공사 일정을 잡으면 된다. 이때 먼저 선행되어야 하는 것이 인테리어 공정표 작성이다.

공정표란 각 공사의 착공부터 완성까지의 일정을 말하는데, 본인이 공사 가능한 스케줄에 맞춰서 먼저 작성해 놓고 해당 업체들과 일정을 조율해야 공사를 주도적으로 끌고 갈 수 있다. 만약 이런 공정표 없이 업체들 얘기만 듣다가는 공사를 시작조차 못하는 경우가 생길 수도 있으므로 주의하자.

공정표를 작성하는 이유는 공사를 원활하게 진행하기 위함이다. 따라서 철거부터 입주까지 기본적인 인테리어 공사 순서를 이해하고 있어야 한다.

· 인테리어 공사 순서 ·

앞의 순서는 인테리어 공사 시 일반적으로 진행되는 공정들을 나열한 것이고, 세부적으로 들어가면 더 많은 작업이 포함될 수 있다. 이 중에서 실제 진행될 공사에 대해서만 공정표를 작성하면 된다.

인테리어 공사는 공정별로 일정한 시간을 할애해야 하지만, 무조건 여유롭게 잡는다고 좋은 것은 아니다. 이틀이면 되는 타일 공사 일정을 괜히 3~4일씩 늘릴 필요는 없다는 말이다. 반대로 여유 없이 하루 만에 끝내려고 하는 것도 안 된다. 그렇게 일정을 촉박하게 줄이면 대부분 부실시공이 되고 공사 하자로 이어지기 때문이다.

그럼 어떻게 하면 일정을 단축할 수 있을까? 정답은 간섭이 적은 공정끼리 오버랩overlap해서 진행하는 것이다.

막퍼줘 2호집을 공정별로 하나씩 끝낸다고 가정하면 총 8.5일이 소요된다. 하지만 해당 공정은 대부분 오버랩해서 공사할 수 있다.

• **진행 공정표 예시(막퍼줘 프로젝트 2호집)** •

공정	내용	일정	비고
철거	새시, 가구, 욕실 전체	1일	기존 장판 철거
PL 창호(새시)	앞 발코니 새시	0.5일	
타일	욕실 벽·바닥, 주방 벽타일 시공	1일	
욕실 설비	도기, 수전, 액세서리, 욕실장, ABS	1일	
도장	앞·뒤 발코니, 문짝(4EA)	1일	
가구	주방 가구, 신발장	1일	
수장	도배, 장판	1일	
조명	등 기구 설치, 콘센트·스위치	1일	
기타	입주 청소	1일	폐자재 반출

집값 높여도 잘 팔리는 부동산 인테리어

새시는 철거한 다음 바로 설치할 수 있고, 욕실에 타일을 붙이면서 발코니에 도장을 하는 것도 가능하다. 욕실에 도기, 수전, 액세서리 등의 설비 작업을 하면서 주방에서 가구 공사를 하는 것 또한 아무 문제가 없다. 물론 작업자 입장에서는 싫을 수도 있다. 본인들의 공정만 편하게 작업하고 싶은데 다른 작업자와 같이 진행하다 보면 아무래도 신경 쓰이게 마련이기 때문이다.

하지만 공사를 진행하고 관리하는 입장에서는 그렇게 생각하면 안 된다. 무리하게 정해진 시간을 줄일 필요는 없지만, 타이트하게 관리해서 현장이 노는 시간이 없도록 만들어야 한다.

막퍼줘 2호집은 정말 제대로 일정 관리를 했다. 입주 청소를 빼면 단 4일 만에 공사를 끝냈으니까 말이다.

· 막퍼줘 2호집 공정표 ·

일정	작업 공정	날짜	비고
1일차	새시 · 가구 · 욕실 철거, 새시 설치	22일(금)	앞 발코니 새시
2일차	타일, 도장 시공	25일(월)	
3일차	욕실 설비, 가구 시공	26일(화)	
4일차	도배 · 장판, 조명 시공	27일(수)	천장 도배 선시공
5일차	입주 청소	28일(목)	

공사를 시작한 22일은 2017년 9월이다. 10월 1일부터 추석 연휴가 시작되고, 세입자는 9월 22일 금요일 오전에 이사를 나갔다. 당시 목표는 추석 전에 집을 볼 수 있게 공사를 완료하자는 것이었는데, 적어도 29일과 30일 이틀은 볼 수 있도록 해야 하지 않을까 생각했다.

그래서 28일까지 공사를 끝내는 것으로 목표를 잡다 보니 이런 일정이 나오게 된 것이다.

7단계·현장 관리

6단계까지가 계획 단계라면, 7단계는 실전이라고 할 수 있다.

앞에서 아무리 준비를 잘했다고 하더라도 7단계인 현장 관리가 제대로 이루어지지 않으면 좋은 결과를 기대하기가 어렵다. 현장에서 직접 작업자들을 관리하다 보면 수많은 변수가 생길 수 있고, 정말 예상치 못한 일들이 터질 수 있기 때문에 작업에 대한 정확한 지시와 협의가 필요한 것이다. 또 그런 상황에서 얼마나 유연하게 대처하느냐에 따라 계획된 일정을 맞출 수 있고, 추가적인 비용 발생도 줄일 수 있다.

그럼 현장 관리는 어떻게 하면 좋은지 알아보도록 하자.

현장 관리는 크게 '공사 전 준비' 단계와 '공사 착공 및 진행' 단계로 나눌 수 있다.

집값 높여도 잘 팔리는 부동산 인테리어

① 공사 전 준비 단계

우선 공사 전 준비 단계는 말 그대로 착공 전에 챙겨야 할 작업들이다. 일반 주택은 앞집과 아랫집, 윗집에 양해를 구하고 공사를 시작하면 되지만, 아파트는 몇 가지 작성해야 하는 서류와 절차가 있다. 세대 내 공사 신고서와 공사업체 시공 유의 각서, 입주자 공사 동의서가 바로 그 서류들이다.

도급으로 진행하는 공사라면 당연히 업체에서 대행하는 일이지만 직영 공사 시에는 하나하나 본인이 챙겨야 한다. 착공 일주일 전에 공정표를 작성해서 아파트 관리 사무소에 방문하면 자세히 안내받을 수 있다.

– 세대 내 공사 신고서

공사 신고서에는 말 그대로 어떤 공사를 하는지 기술하면 된다. 만약 '발코니 확장 공사'가 포함되어 있다면 반드시 관할 구청에 행위 허가 신청을 해야 한다. 해당 동의 1/2 이상의 동의서, 비내력벽 철거 사유서, 발코니 전·후 평면도 등을 준비해서 접수하면 된다. 지자체에 따라 요구하는 서류들이 조금씩 다르기 때문에 미리 확인하는 것이 좋고, 신청 후 필증이 나오기까지 3~10일 정도가 소요되기 때문에 최소 2주 전부터 준비하는 게 좋다.

허가 대행 업체를 이용하는 것도 방법이 될 수 있는데, 비용은 30만~50만 원 정도 든다.

- 공사업체 시공 유의 각서

공사 시 유의해야 될 점이나 주의 사항에 동의하는 문서다. 이때 공사 예치금, 엘리베이터 이용 요금과 내부 보양, 신고서 부착 방법 등에 대해서 설명을 듣게 된다.

엘리베이터 이용 요금은 아파트마다 다르지만 통상적으로 일주일에 10만 원 정도이고, 기간이 늘어나면 추가 비용이 발생한다. 이용 요금은 관리실 지정 계좌로 입금하면 된다.

- 입주자 공사 동의서

해당 동의 1/2 이상의 동의서를 받아야 하지만 구청 신고 서류가 아니라면 관리실의 재량에 따라 통상 해당 층과 아래층, 그리고 위층 이렇게 3개 층 정도만 받아도 된다. 단, 실제 거주자의 사인을 받아야 하기 때문에 낮 시간보다는 저녁 시간에 방문하는 것이 성공 확률이 높다.

· 공사 신고 확인서 수령 및 부착(엘리베이터, 게시판) ·

집값 높여도 잘 팔리는 부동산 인테리어

3가지 서류를 관리실에 모두 제출하면 '공사 신고 확인서'를 발급해 준다. 이를 해당 아파트 엘리베이터와 1층 홀 게시판에 붙여 놓고, 엘리베이터 내부를 보양해 주면 착공 전 준비 사항은 모두 끝이 난다.

보양지는 종이 골판지와 PVC 골판지(플라베니아)를 많이 사용하는데, 종이는 잘 찢어지기 때문에 PVC 골판지를 추천한다. 골판지는 철물점이나 인터넷으로 쉽게 구입이 가능하고, 일반적으로 900mm×1,800mm 크기로 엘리베이터의 사이즈에 맞춰서 구매하면 된다.

보양은 바닥, 벽, 천장까지 전부 하면 좋겠지만 바닥과 벽체의 중간 정도까지만 해도 큰 무리는 없다. 만약 업체에 대행하게 되면 이 정도 기준으로 8만~10만 원 수준이다.

· PVC 골판지(좌), 엘리베이터 보양(우) ·

보양까지 완료하면 '공사 전 준비' 단계가 마무리되는 것이다. 지금부터는 '공사 착공 및 진행' 단계에 대해서 알아보도록 하자.

② 공사 착공 및 준비 단계

공사 착공 및 진행 단계에서는 필히 지켜야 할 수칙이 있다.

○ 공정별 일정 체크는 미리미리 한다.

○ 선택한 마감재가 제대로 반입됐는지 작업 전 꼭 확인한다.

○ 작업 지시는 아침에 하고, 작업이 끝나기 전 반드시 확인한다.

일정을 아무리 꼼꼼히 계획해도 당일에 작업자가 오지 않는 경우가 많다. 그래서 작업 시작 하루 전날에는 작업자와 직접 통화해서 다시 한번 일정을 확인하는 것이 좋다.

그리고 직영 공사를 진행하다 보면 자재를 별도로 준비해야 하는 일이 많은데, 이럴 때는 본인이 거주하는 곳이 아닌 공사를 진행해야 하는 곳으로 자재들을 받아 놓는 것이 좋다. 또한 마감재가 도착하면 본인이 주문한 것과 동일한 제품인지 확인하는 습관을 기르는 게 좋다. 잘못 온 걸 확인하지 못한 상태에서 작업자가 시공을 해 버리면 배보다 배꼽이 더 커지는 상황이 생길 수도 있다.

마지막으로 작업 지시는 필히 아침에 해야 한다. 작업자들은 정확한 지시를 받지 않으면 본인이 평소 하던 스타일대로 시공하기 때문에 '알아서 잘해 주겠지'라는 생각을 버려야 한다. 정확한 작업 지시를 내리고, 끝나기 30분 전(일반적으로 5시면 공사를 마무리한다)에 공사 내용을 확인한 후 잘못된 점을 발견하면 다시 시공해 달라고 요청해야 한다.

초보자라면 되도록 작업 내내 현장을 지키는 것이 좋다. 옆에서 지켜보는 것만으로도 경험이 쌓이고, 작업자 또한 의뢰인이 있을 때 훨씬 더 신경 써서 공사해 주는 경우가 많기 때문이다. 그럼 공정별

집값 높여도 잘 팔리는 부동산 인테리어

로 공사 순서를 자세히 알아보도록 하자.

· 철거

모든 공사의 가장 우선은 철거다. 새시 철거, 천장 및 벽체 철거, 욕실 철거, 가구 철거, 목창호 및 마루 철거 등 철거 공사에도 종류가 많다.

도급으로 시공한다면 해당 업체가 알아서 철거하겠지만, 직영 공사라면 얘기가 좀 다르다. 철거 전문 업체에 일괄적으로 맡기면 일은 편하지만 그만큼 비용이 비싸진다.

철거를 할 때는 공정별로 나눠서 진행할 필요가 있다. 창호(새시), 난방 배관, 욕실, 가구, 목창호, 도배, 마루, 조명은 각각 해당하는 업체에 직접 맡기고 골조(벽체, 천장), 장판을 비롯한 기타 공사들은 철거 업체에 의뢰해서 진행하는 것이 좋다.

· 철거 공사 ·

철거 업체는 작업자의 경험과 보유하고 있는 장비 등에 따라 실력 차이가 많이 나기 때문에 되도록 오랫동안 일을 한 사람에게 맡기는 것이 좋다. 특히 방문틀 하부 철거 시 바닥 온수 배관 파이프를

절단할 수도 있고, 그것이 자칫 다른 사고로 이어질 수 있기 때문에 주의해서 진행해야 한다.

· 문틀 철거 중 배관 온수 파이프 손상 ·

· 새시

철거가 끝나고 나면 가장 먼저 새시 공사를 해야 한다. 이는 도배 끝을 새시에 태워서 잘라 내고 마감하거나 도장 후 실리콘 마감 코킹 작업이 가능하기 때문이다. 작업은 공사 전 미리 실측하고 당일에 철거와 시공이 바로 이루어진다.

새시 공사는 수직·수평을 맞춰서 작업해야 한다. 그래야만 문을 열고 닫을 때 뻑뻑한 느낌 없이 자연스럽게 무빙이 된다. 그런데 간혹 문이 개폐되지 않는데도 그냥 설치만 해 놓고 가는 작업자가 있다. 이를 방지하기 위해서라도 작업자가 있을 때 필히 시연해 보아야 한다.

새시는 보통 발코니 하부턱에 고정하지만, 필요에 따라서는 ㄱ자 앵글(화스너)을 사용하기도 한다. 이때는 새시 하부의 앵글이 그대로 노출되기 때문에 가림판으로 가려 주는 것이 중요한데, 이것 역시 작

집값 높여도 잘 팔리는 부동산 인테리어

· 새시 공사 ·

· ㄱ자 앵글 노출(좌), 가림판 시공(우) ·

업자에게 요구하지 않으면 지나치는 경우가 많다.

잠금장치가 정상적으로 작동하는지도 확인하는 게 좋다. 특히 자동 잠금장치의 경우 문이 닫힘과 동시에 잠겨야 하기 때문에 여러 번 열었다 닫으면서 점검해야 한다.

· 목공 및 목창호

새시가 완료되면 목공 작업자가 벽체, 천장 등의 골조 공사와 몰딩 작업을 진행한다. 그런데 만약 발코니를 확장하거나 바닥 난방 배관을 교체해야 한다면 단열과 설비 배관 작업 등이 목공 작업 이전에 이루어진다.

목공 작업 이후에는 목창호 작업을 진행하는데, 일반적으로 목공 작업자가 목창호까지 같이 작업하는 경우가 많다. 목창호 작업은 문선(가틀+본틀+케이싱+란마)과 문짝 설치를 말하며, 타일과 도배 작업 이전에 설치해야 한다.

· 목공 및 목창호 공사 ·

· 몰딩 및 문선 · 란마 설치 방법 ·

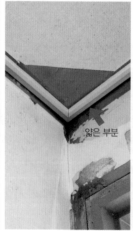

집값 높여도 잘 팔리는 부동산 인테리어

특히 몰딩을 시공할 때는 얇은 부분을 벽으로 향하게 하고 문선 (케이싱)과 도어 상부 란마가 몰딩의 홈 사이로 끼워지게 시공해야 깔 끔해 보인다. 이때 케이싱은 12mm, 란마는 9mm를 사용하면 좀 더 디테일한 시공이 가능해진다.

· 타일 및 욕실 설비(도기, 수전 등)

타일 공사는 욕실과 욕실이 아닌 곳(주방 미드웨이, 현관 및 발코니 바닥, 거실 아트월)으로 나뉘는데, 작업 순서는 우선 욕실부터 한다. 그중에서도 벽타일을 먼저 붙이고 바닥타일을 시공하면 되는데, 이때 3가지를 신경 써야 한다.

○ 타일의 S/P는 문을 열고 대각선 방향으로, 시선이 가장 많이 보이는 곳에서 시작한다.

○ 타일 줄눈 간격재를 사용해서 간격을 일정하게 유지한다.

○ 벽타일과 바닥타일의 줄눈을 맞춘다.

타일의 S/P는 부부 욕실과 공용 욕실을 가리지 않고 대각선 가장 위쪽에서부터 시작하면 된다. 이렇게 기준을 정해야만 타일의 로스를 줄일 수 있고, 패턴도 예쁘게 나온다. 또한 타일을 붙일 때는 타일과 타일의 간격이 일정해야 하는데, 이때 필요한 것이 타일 줄눈 간격재다. 줄눈 간격재는 두께에 따라 3가지(1.5mm, 2.5mm, 3mm) 종류가 있으며, 필자는 2.5mm 줄눈 간격재를 주로 사용한다.

대부분의 작업자가 눈대중으로 시공하기 때문에 공사 전 타일 줄눈 간격재를 넣고 시공해 달라고 미리 요청하는 게 좋다. 이때 벽타일은 바닥타일과 줄눈 라인을 동일하게 맞춰 달라고 요구해야 한다. 그리고 바닥타일은 최소 12시간 이상 양생(온도·하중·충격·오손·파손 등의 유해한 영향을 받지 않도록 충분히 보호·관리하는 것)하는 게 중요하다.

욕실이 완료되면 주방 미드웨이 타일을 붙인다. 욕실과 미드웨이를 먼저 하는 이유는 후속 작업들 때문이다. 욕실의 타일 공사가 완료돼야만 양변기, 세면기, 수전류 등을 부착할 수 있고 주방 역시 미드웨이 타일이 먼저 시공돼야 주방 가구 공사가 가능하다.

욕실과 주방의 타일 시공이 끝나면 현관을 작업하면 되는데, 현관 바닥의 경우는 하루 일과가 끝나는 시간에 맞춰서 작업을 완료하면 좋다. 발코니를 왔다 갔다 하는 작업은 많지 않지만, 현관은 수시로 작업자들이 드나드는 곳이다. 그러다 보면 당연히 시공해 놓은 타일을 밟을 수도 있고, 타일이 틀어지면 양생이 제대로 되지 않는다. 하지만 퇴근 시간에 맞춰서 작업을 끝내면 자연스럽게 이런 문제를 해결할 수 있다.

• 타일 공사(욕실, 주방 미드웨이, 발코니, 현관) •

집값 높여도 잘 팔리는 부동산 인테리어

욕실의 타일을 완전히 굳히고 난 뒤(48시간)에 도기(양변기, 세면기), 수전 및 액세서리 같은 욕실 설비류와 샤워부스(혹은 파티션), ABS 천장재를 시공하면 된다.

· 욕실 설비 공사 ·

· 도장

도장 공사는 필름, 가구, 마루, 도배·장판 등 다른 마감 공사보다 빨리 하는 것이 좋다. 그 이유는 페인트가 건조되는 시간과 보양 문제 때문이다.

만약 도장 공사를 다른 마감 공사가 끝나고 난 뒤에 들어가게 되면, 엄청난 양의 보양 작업을 해야 한다. 경우에 따라서는 페인트가 채 마르기도 전에 이삿짐이 들어와야 하는 불상사가 생길 수도 있다. 그래서 도장 공사는 다른 마감 공사들보다 앞서 진행하는 게 좋다.

하지만 일정상 어쩔 수 없이 다른 마감 공사가 끝난 뒤에 진행해야 하는 상황이라면 정말 보양에 신경을 써야 한다. 수성 페인트가 다른 곳에 묻었을 때 물티슈로 바로 닦으면 깨끗이 지워지지만, 만약 시간이 지나 말라 버리면 이것만큼 지우기 힘든 것도 없다. 그래서 필

· 도장 공사 ·

요한 부분에는 마스킹, 커버링테이프 등으로 꼼꼼히 보양해 주는 것이 좋다.

현관 방화문을 도장할 때는 표면에 뚫려 있는 구멍을 모두 메꾸고 작업해야 한다. 간혹 디지털 도어락이나 손잡이를 교체하면 가려지겠지 하는 생각으로 넘어가는 경우가 있는데, 제품마다 규격이 달라서 새 제품으로 교체한 후에도 구멍 자국이 남을 수가 있기 때문에 필히 폴리퍼티polyester putty로 메꿈 작업 후 도장을 해야 한다.

도장 작업 시 기계 장비를 이용해 뿌려서 도장하는 뿜칠 시공이 아니라면 붓과 롤러를 이용해서 페인트를 칠하는데, 이때 붓과 롤러의 특성상 모서리와 코너 부위가 제대로 칠해지지 않는 일이 많기 때문에 반드시 확인해야 한다. 평평한 벽면 또한 붓이나 롤러 자국 없이 깨끗하게 시공됐는지 살펴볼 필요가 있다. 특히 시간이 지나고 나서 다시 덧칠하면 똑같은 페인트를 사용해도 이색이 나는 경우가 많기 때문에 작업자가 일을 끝내고 가기 전에 반드시 함께 작업 부위를 체크하고, 필요한 부분은 그 자리에서 바로 재시공을 요청해야 한다.

집값 높여도 잘 팔리는 부동산 인테리어

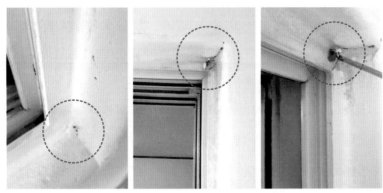

· **필름**

필름은 타 공정에 비해 간섭이 적은 작업이다. 다만 목창호(문짝, 문선)에 필름 시공을 해야 하는 경우는 도배와 타일 공사 이전에 작업해야 한다.

필름 공사는 필름을 붙이는 것도 중요하지만, 필름을 붙이기 위한

· 필름 공사 ·

밑 작업도 상당히 중요하다. 밑 작업에는 표면을 깨끗이 만드는 것과 프라이머를 바르는 것이 있는데, 표면을 깨끗하게 만들기 위해서는 깨끗한 붓으로 먼지를 완전히 털어 내고 필요에 따라 폴리퍼티나 핸디코트로 면처리한 후 샌딩기나 사포로 정리하는 것이 좋다.

간혹 작업자들이 상태가 좋지 않은 필름 위에 인테리어 필름을 바로 붙이는 경우가 있는데, 이때는 필히 기존 필름을 제거한 후 프라이머를 바른 뒤에 시공할 수 있도록 해야 한다. 또한 라운드가 있는 곡면 부위는 히팅건이나 열풍기를 사용해서 추후 필름이 들뜨는 하자를 예방해야 한다.

필름 시공이 완료되면 기포나 찢어진 곳이 없는지 유심히 관찰해야 한다.

· 가구

가구 공사는 마감 공사에서 가장 중요한 것 중 하나다. 그중에서도 주방 가구는 공간을 차지하는 비중이 크기 때문에 더욱 신경을 써야 한다.

· 가구 공사 ·

가구의 색상이 본인이 선택한 컬러가 맞는지, 손잡이 형태는 맞는지 등 당초에 협의했던 대로 진행되는지 체크해야 한다. 또 가구들이 실측한 대로 딱딱 맞게 시공되는지도 확인해야 한다.

특히 실측한 대로 가구가 들어오지 않으면 일이 복잡해지기 때문에 상황에 맞게 빨리 판단하고 결정하는 것이 좋다.

가구의 사이즈가 맞지 않아 문제가 생기면 누구나 당황하게 된다.

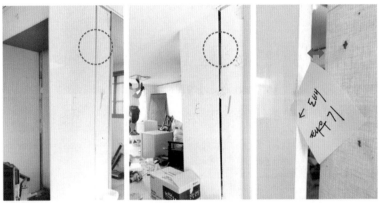

실측 오류 사례 1: 냉장고장 EP판과 벽체 사이가 틈 없이 딱 맞아야 하는데, 20mm 이상 이격되는 문제 발생

실측 오류 사례 2: 신발장이 좌측 문선(케이싱)과 우측 벽 사이로 꼭 맞게 들어가야 하는데, 이격되는 문제 발생

이럴 때는 두 가지를 생각해야 한다.

○ 가구 교체가 가능한가? 만약 교체가 가능하다면 일정에는 문제가 없는가?

→ 교체는 당연히 가능하다. 업체가 잘못했기 때문에 별도 비용 없이 A/S를 요구할 수 있다. 하지만 일정에는 엄청난 차질이 생긴다.

○ 다음 공정은 무엇인가?

→ 도배 공사가 진행될 예정이다.

문제의 핵심은 잘못된 실측으로 인해 가구와 벽 사이에 틈이 벌어졌고, 뒷 공정으로 도배 공사가 있다는 것이다.

여러분이라면 어떻게 하겠는가? 필자는 현장에서 작업하다 남은 자투리 마감재를 이용해서 틈새를 막고 도배로 덮어 버리는 것으로 문제를 해결했다.

물론 자세히 보면 약간의 흠이 있어 보이기도 하지만, 의식하지 않는다면 전혀 문제 될 것이 없는 수준이다.

· **가구 자투리로 틈새 막음(좌), 욕실 수전 포장 스트로폼으로 틈새 막은 후 도배(우)** ·

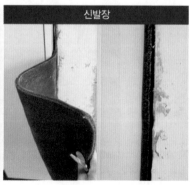

집값 높여도 잘 팔리는 부동산 인테리어

이렇게 일단은 공사를 마무리해야 한다. 그래야만 현장이 계속 돌아갈 수 있다.

하지만 그럼에도 불구하고 화가 풀리지 않는다면 다시 계약 금액을 조정하거나 서비스로 뭔가를 더 해 달라고 요구할 수 있다. 그래도 정 보기 싫다면 문제가 되는 부분만 다시 시공하는 것도 방법이다. 중요한 것은 현장에서 발생하는 상황에 따라 그때그때 유연하게 대처해야 한다는 것이다.

· 마루

마루 공사와 가구 공사는 일정에 따라서 순서가 바뀔 수도 있다. 어떤 공정을 먼저 해야 한다는 정답이 있는 것은 아니다. 다만, 가구 공사는 부피가 크고 무거운 가구들을 집 안으로 들여놓고 작업하기 때문에 바닥에 보양 작업이 되어 있다 하더라도 이동하거나 설치할 때 마루가 찍히거나 긁힐 수 있다. 그래서 통상적으로는 가구를 먼저 설치하고 난 다음에 마루를 시공한다.

· 마루 공사 ·

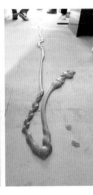

마루 작업 시 가장 기본은 마루의 시공 방향이다. 정답이 있는 건 아니지만 일반적으로 복도 방향으로 시공하면 공간이 좀 더 넓게 확장돼 보이는 효과가 있다. 만약 복도가 없는 원룸 형태라면 길이가 좀 더 긴 방향으로 시공하면 좋다.

· 마루 설치 방향 ·

마루 공사에서는 다음 몇 가지를 잘 체크해야 한다.

○ 바닥은 평탄한가?

○ 모서리나 코너, 문틀 하부 등 절단 부위가 깨끗하게 처리되어 있는가?

○ 현관 재료분리대는 제대로 마감됐는가?

마루가 제대로 시공되려면 일단 바닥 평탄화 작업이 잘되어 있어야 한다. 특히 주의해야 할 곳은 기존 방문틀을 제거하고 마루를 연장하는 부위다.

집값 높여도 잘 팔리는 부동산 인테리어

방문틀을 제거하고 시멘트로 바닥을 메우는 게 일반적인데, 겉보기에는 평평한 것처럼 보이지만 실상은 두 공간의 높이가 달라서 편차가 생기는 경우가 많다. 이럴 때는 필히 바닥을 샌딩 처리하고 마루를 깔아야 한다. 즉 평탄화 작업이 필요한 것이다. 설령 작업자가 그냥 지나치려고 하면 직접 요청하는 것이 좋다.

이런 사전 작업을 놓치면 마루를 깔고 난 이후에도 들뜸 현상이 생기고, 밟을 때 삐걱삐걱 소리가 나는 경우도 생길 수 있다. 평탄화 작업은 비단 여기에만 국한되는 것이 아니다. 마루가 시공되는 모든 곳에 해당된다.

다음으로 주의해서 살펴봐야 할 것은 모서리나 코너, 문틀 하부 등 절단 부위가 깨끗하게 처리되었는지 확인하는 것이다. 물론 마루를 다 깔고 나면 걸레받이를 설치하거나 실리콘으로 마감 코킹 처리를 하지만, 틈새가 너무 많이 벌어지면 실리콘으로도 메우기가 힘들기 때문에 작업자에게 신경 써서 공사해 달라고 어필하면 좋다.

또 현관이나 발코니 쪽으로 재료분리대를 설치할 때는 약간 앞으로 돌출시켜야만 마감이 어색하지 않다.

· 잘못 시공된 마루 사례들 ·

· 도배 및 장판

도배 및 장판은 마감 공사 중 조명을 제외하고 가장 마지막에 진행해야 하는 공정이다. 합지 벽지든 실크 벽지든 워낙 잘 찍히고 잘 찢어지기 때문에 다른 마감 공사가 완전히 끝나고 난 뒤에 진행하는 게 좋다. 도배가 완료된 후 장판을 시공한다.

장판은 마루와 같이 바닥을 마감하는 공사인데, 마루일 경우에는 도배보다 먼저 선시공하지만 장판일 때는 도배 후에 진행한다. 마루 공사에는 걸레받이 시공이 포함되는데 도배지를 걸레받이 위에 태워서 마감하기 때문에 도배를 후시공해야 하고, 장판의 경우는 도배지 위로 장판을 꺾어서 마감하기 때문에 도배 공사 후에 시공하는 것이다.

공사를 진행하다 보면 일정이 빠듯할 때가 많은데, 그럼 우선 천장지를 붙이고 전기 작업자로 하여금 조명 설치를 하게 하는 동시에 벽지 시공을 진행하면 시간을 좀 더 절약할 수 있다.

집값 높여도 잘 팔리는 부동산 인테리어

· **조명**

　가장 마지막에 해야 하는 공사는 조명 공사다. 조명은 천장지가 완료된 후에 설치할 수 있고, 벽지가 끝나야 콘센트와 스위치를 교체할 수 있기 때문이다.

　만약 조명을 추가로 설치하고 싶다면 도배 작업 이전에 해당 위치로 전기선을 미리 뽑아 놓는 작업을 해야만 한다(현장 용어로 '낚시'한다는 표현을 사용하는데, 전기선을 낚시하듯이 당겨 와서 추가로 신설하는 것을 말한다).

　하지만 경험이 부족한 초보 작업자는 천장을 모조리 뚫어 버리는 어이없는 공사를 할 때도 있다. 그래서 작업자를 선정할 때는 금액이 저렴하더라도 경험이 부족한 젊은 업자에게 맡기지 않는 게 좋다. 본인의 집이 실습 장소가 되는 것을 원치 않는다면 더더욱 그렇다.

　각 공정들은 서로 밀접하게 연결되어 있고, 공사별 순서가 정해져 있다. 하지만 절대적인 건 없다. 무조건 이 순서를 맞춰야만 하는 것

다운 라이트 신설

은 아니다. 어느 한 공사가 끝나야만 다음 공정이 시작되는 것이 아니라, 순서를 따르되 크게 간섭이 생기지 않는 공정들은 동시에 진행하는 경우가 많다. 현장에서는 무수히 많은 돌발 변수가 발생하고 생각지도 못한 일들이 생기기 마련이다. 그때마다 원리원칙을 따져 가며 공사를 진행하려고 하면 업자들과 마찰만 생길 뿐, 이로울 것이 없다. 차라리 그 시간에 다른 대안을 생각해 내는 것이 좋다.

예를 들어, 목창호를 설치하고 도배 작업을 하는 이유는 벽지의 끝을 문선에 태우고 잘라 내어 깔끔하게 마감을 처리하기 위함이다. 하지만 일정이 여의찮아 두 공정의 순서가 바뀌게 되면 어떻게 할까? 벽지를 먼저 시공하고 목창호를 설치한 다음, 벽지와 문선이 만나는 곳에 마감 실리콘 처리를 하면 된다.

또한 조명은 도배 후에 작업해야 한다고 했지만, 약속한 조명 작업자가 당일 시공이 어렵고 도배 공사 하루 전날밤에 시간이 없다고 통보했다는 가정을 해 보자. 그럼 다른 작업자를 찾아보는 게 먼저겠

집값 높여도 잘 팔리는 부동산 인테리어

지만 여의찮으면 조명 설치 작업을 미리 진행하고, 도배 작업자에게
는 조명을 떼어 놓고 도배한 다음 다시 달아 달라고 부탁하면 된다.
물론 조명 작업자가 하는 것보다야 시공이 어설플 수 있고 그런 부탁
자체를 싫어할 수도 있지만, 어떤 식으로든 방법은 있다는 것이다. 현
장에서는 항상 유연하게 대처하는 것이 중요하다.

막퍼줘 2호집은 해당 공정 중 아래의 공사들만 진행했다.

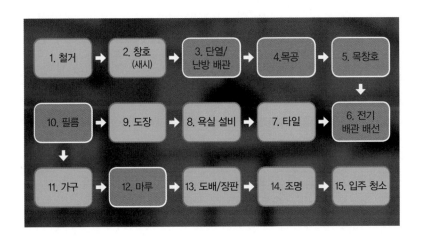

결과가 어떤 모습인지 최종 완료 이미지를 확인해 보자.

· 막퍼줘 2호집의 인테리어 완료 사진 ·

  콘셉트를 모던으로 정하고, 작은 집을 넓어 보이도록 하기 위해 전체적으로 밝게 마감했다. 주방 가구도 상·하부장 모두 무광택 화이트이고, 상판도 PT 화이트로 마감했다. 다만 심심하지 않게 매입형 손잡이를 니켈크롬 컬러로 사용하고, 이를 현관 신발장의 손잡이 컬러와 맞춰서 디자인 아이덴티티를 부여했다.

  벽지는 거실과 침실 내부에 몰딩이 없었기 때문에 무지 계열의 화이트 벽지로 통일했고, 미닫이문을 철거해서 공간이 좀 더 넓게 확장돼 보이도록 했다. 다만 한 가지 아쉬웠던 점은 욕실 공사였는데, 예산을 맞추려다 보니 업체가 정해 놓은 마감재를 변경할 수가 없어서 여러모로 기존 계획과 많이 다르게 진행됐다.

  아무리 인테리어를 잘했다고 하더라도 금액이 비싸면 의미가 없다. 직영 공사의 가장 큰 메리트는 공사 비용을 저렴하게 하는 데 있기 때문이다.

  2호집은 900만 원이 안 되는 금액으로 공사를 완료했다. 여기서 새시 비용을 제외하면 600만 원이 채 되지 않는 금액이다.

집값 높여도 잘 팔리는 부동산 인테리어

(단위: 원)

공종			사양	예산	산출 근거	집행
PL 창호(새시) 공사			16mm 복층유리 단창	3,360,000	5.6m × 60만 원	3,090,000
욕실 공사			욕조 철거 및 덧방 시공	2,300,000	210만 원+욕조 철거비 +20만 원	2,110,000
가구 공사	주방 가구	가구 표면재	PET	1,250,000	가구(1.8m × 45만 원)+ 타일(1.8m × 20만 원)+ 수전 교체(8만 원)	1,150,000
		상판	PT Post Forming Table			
		싱크 수전	벽 수전 사용			
		가전 기기	슬라이딩 레인지 후드, 쿡탑 X			
		미드 웨이	타일			
	신발 장	가구 표면재	PET	450,000	3자 × 15만 원	410,000
조명 공사	등 기구	현관등	10~15W	570,000	자재(42만 원)+ 공임(15만 원/6개 기준) 스위치·콘센트 포함	520,000
		거실등	100~150W			
		주방등	40~70W			
		침실등 (2EA)	50~60W			
		발코니 등	10~15W			
	스위치· 콘센트		1~4구, 전화·인터넷 ·CATV 포함			
수장 공사	도배지		소폭 합지	648,000	자재비(3,000원×18평×2) +시공비(2인×27만 원)	590,000
	장판		모노륨 1.8T	450,000	18평×2.5만 원 (최소 30만 원)	410,000
도장 공사			곰팡이 방지, 친환경 페인트	710,000	35만 원(앞·뒤 발코니) +9만 원(문틀/문짝)×4EA	650,000
합계				9,738,000		8,930,000

PART **4**

돈 되는 인테리어,
혼자서도 할 수 있다

셀프 인테리어를 하는 이유

왜 셀프 인테리어를 할까?

셀프 인테리어를 하면 확실히 비용 절감이 된다. 일단은 인건비가 빠지기 때문이다. 또한 인테리어 업자들은 자재에서 이윤을 남기지만, 셀프 인테리어를 하면 인터넷으로 최저가 제품을 찾아낼 수 있다.

그리고 내 맘대로 할 수 있다. 작업자에게 일을 맡기면 이것저것 시키기 부담스러울 때가 있지만, 셀프 인테리어를 할 때는 그냥 내가 하고 싶은 대로 하면 된다.

마지막으로 자기애가 커진다. 같은 인테리어라도 업자가 아닌 내가 직접 땀 흘리며 고생해서 만든 결과물은 바라만 봐도 흐뭇하다.

하지만 단점도 많다.

인테리어는 공정이 많다. 세분화하면 30개도 넘는다. 이 모든 공정을 셀프로 할 수 있다. 1층이라면 새시 설치도 가능하고, 장비만 있다면 발코니 확장 공사도 가능하다. 하지만 평소에 못질 한번 해 보지 않은 사람이 철거 공사를 하겠다고 하거나, 타일 한번 붙여 보지 않은 사람이 욕실 공사를 시도하는 것은 무모한 도전이며 객기와 같은 행동이다. 심하면 며칠 동안 몸살로 고생할 수 있다.

셀프 인테리어는 작업 시간이 너무 오래 걸리는 것도 문제다. 업자들이 하루면 할 작업을 2~3일에 걸쳐서 하는 경우가 많다. 인테리어 공사 기간이 정해진 게 아니라면 상관없지만, 일정이 타이트한 상황에서는 자칫 다음 공정에도 문제를 일으킬 수 있다. 그러면 셀프 인테리어를 하지 않은 것만 못하다.

· 셀프 인테리어의 장단점 ·

장점	단점
· 비용이 절감된다. · 내가 디자인하고 싶은 대로 할 수 있다. · 자기애가 커진다.	· 병이 날 수 있다. · 시간이 오래 걸린다. · 비용이 더 많이 들 수 있다.

그래서 셀프 인테리어는 가성비(비용 대비 효과)가 높은 작업을 하는 것이 중요하다. 그렇다면 가성비가 높은 작업에는 어떤 것이 있을까? 페인트 칠하기(도장), 필름 붙이기, 전등 및 스위치 교체하기, 문손잡이 교체하기, 마감 실리콘 코킹 등이 비교적 장비가 많이 없어도 마감을 개선할 수 있는 작업이다.

그럼 지금부터 가성비 높은 셀프 인테리어에 대해서 자세히 알아보도록 하자.

집값 높여도 잘 팔리는 부동산 인테리어

가성비 높은 셀프 인테리어

페인트칠하기

· 침실 벽체

침실의 벽지가 오래되거나 손상이 많을 때는 일반적으로 도장보다 도배를 한다. 왜냐하면 보통 30평형대 기준으로 도배는 180만 원, 도장(페인트칠)은 280만 원의 비용이 발생하기 때문이다. 하지만 비용을 줄이고 자신만의 스타일리쉬한 공간을 만들고 싶은 셀프 인테리어족이 늘어나면서 페인트칠을 하는 사례가 많아지고 있다.

혼자서 가성비 높게 페인트칠하는 방법을 알아보자.

벽면 밑 작업을 위한 기본 준비물

우선 페인트를 칠하기 전에 '바탕 만들기'를 해야 한다. 바탕 만들기란 페인트칠이 잘되도록 밑 작업을 하는 것을 말한다.

밑 작업을 위한 기본 준비물은 다음과 같다. 해당 용품들은 인터넷으로 구매하거나 동네 철물점 및 페인트 가게에서 한꺼번에 구입이 가능하다.

· 셀프 페인팅 밑 작업 기본 준비물 ·

스크레이퍼 핸디퍼티(500g) 스틸 헤라 커버링테이프 마스킹테이프 사포(120방) 커터칼 다용도 접착제

벽면 바탕 만들기 작업

벽면 바탕 만들기 작업을 진행하려면 벽지들을 꼼꼼히 살펴봐야 한다. 그럼 잘 보이지 않았던 못 자국이나 찢어지고 구멍 난 곳을 많이 발견할 수 있다.

● 작업 순서

① 못 자국으로 인해 튀어나온 벽지는 커터칼로 자른다.

② 구멍 난 곳은 두툼한 것으로 속을 채우고, 표면에 퍼티를 바른다.

③ 살짝 들뜬 부위는 접착제를 발라서 벽에 붙이고, 마스킹테이프로 고정한다.

④ 많이 찢어진 부위는 뜯지 말고 잘라 낸 후 퍼티를 바른다.

· 바탕 만들기 작업 ·

못 자국

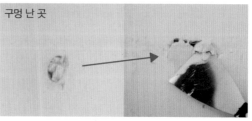

구멍 난 곳

집값 높여도 잘 팔리는 부동산 인테리어

살짝 들뜬 부위

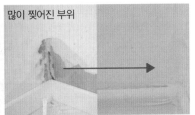
많이 찢어진 부위

바탕 만들기 작업은 벽지에 페인트칠할 경우에는 모두 동일하게 적용된다. 이 작업 이후에 커버링테이프 및 마스킹테이프 등으로 보양 작업을 마치고 나면 본격적인 페인트칠이 시작된다.

· 벽체 셀프 페인팅 전 모습 ·

페인트 가게에 가면 대부분 벽면 한쪽에 컬러칩 샘플들을 진열해 놓는데, 그중에서 마음에 드는 컬러를 선택하면 10분 안에 조색을 완료해 준다.

참고로 페인트 컬러 조제 시에는 전문 매장을 방문하는 것이 좋다. 무작정 찾아가지 말고 컬러 상담 예약을 하고 방문하면 보다 좋은 정보를 얻을 수 있다.

페인트칠할 곳에 페인트가 얼마나 들어가는지 가늠하기 위해서는 1L 기준으로 얼마만큼 칠할 수 있는지를 알아 둘 필요가 있다.

어떤 환경에서 어떻게 시공하느냐에 따라 다르긴 하지만, 일반적으로 1L 기준 12~16m²를 칠할 수 있다. 페인트는 2번 칠하는 게 기본이기 때문에 1L=6~8m²(2회 페인팅 기준)라고 알고 있으면 된다. 또는 페인트 가게에 가서 방 사이즈를 알려 주면 계산해 주기도 한다(3m× 3m 침실 사이즈를 기준으로 3L가 소요된다).

페인트를 구입하면서 트레이, 페인트패드, 붓도 같이 구입하면 된다. 이때 페인트오프너와 스틱은 서비스로 주는 경우가 많다.

페인트의 종류

페인트는 국산 제품부터 수입 제품까지 종류가 상당히 다양하다. 대표적인 국내 제품으로는 노루페인트, 삼화페인트, KCC페인트, 벽산페인트 등이 있다. 이 중 노루페인트는 세계적으로 유명한 미국 팬톤PANTONE사의 소울에이 전트(독점으로 수입하는 에이전시)이기도 하다. 수입 제품으로는 던에드워드, 벤자민무어 제품이 많이 사용된다.

제조사와 상관없이 실내에 사용하는 제품은 무조건 친환경 수성 페인트를 선택해야 한다.

· 조색 페인트 및 부자재 준비 ·

본격적인 벽체 페인트칠하기

● 작업 순서

① 새시 및 문틀, 몰딩, 걸레받이, 콘센트·스위치 등 페인트가 묻으면 안 되는 주변을 커버링테이프 및 마스킹테이프로 꼼꼼히 감싸준다. 특히 작업 중 페인트가 바닥으로 떨어지는 경우가 많기 때문에

바닥도 넓게 보양해 주는 것이 좋다.

· 커버링테이프 · 마스킹테이프로 꼼꼼히 보양 ·

② 트레이 위로 페인트를 바로 부어서 사용하면 매번 씻어야 하는 번거로움이 있기 때문에 커버링테이프 혹은 비닐을 씌워서 사용하면 편리하다. 사용 전에 스틱으로 저어 줘야 페인트가 고르게 섞여서 컬러가 균일하게 나온다.

페인트칠을 할 때는 먼저 붓으로 몰딩, 걸레받이, 콘센트 등을 칠한다. 벽지에 페인트를 도장할 경우 젯소(프라이머)는 굳이 사용하지 않아도 된다. 다만 짙은 컬러의 벽지 위에 밝은 컬러의 페인트를 칠할 때는 젯소를 한 번 발라 주는 것이 좋다.

· 붓으로 1차 페인팅 ·

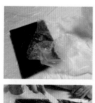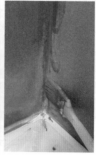

집값 높여도 잘 팔리는 부동산 인테리어

③ 그다음 넓은 면을 칠하면 되는데, 페인트패드를 사용해도 되고 롤러를 사용해도 상관없다. 다만 지금처럼 면이 고르고 깨끗할 때는 패드가 좀 더 효과적이다.

패드를 사용할 때는 위에서 아래로 직선으로 내리면서 칠한다. 전체적으로 페인트칠을 한 다음 완전히 건조시킨 후 한 번 더 칠해야 하는데, 날씨에 따라 마르는 시간이 달라서 2~3시간 경과 후 만져 보고 판단한다.

· 패드(또는 롤러)로 2차 페인팅 ·

④ 두 번째 페인트칠을 한 후에는 커버링테이프와 마스킹테이프를 떼어 낸다. 건조가 완전히 끝난 상태에서 테이프를 떼면 페인트가 같이 뜯어질 수 있다. 만졌을 때 약간 촉촉한 느낌이지만 손에는 묻어나지 않을 때, 그때 떼야 한다. 그렇게 했음에도 페인트가 묻는다면 물티슈로 닦아 준다.

· 커버링테이프 · 마스킹테이프 철거 ·

· 페인트칠 전·후 모습 ·

페인팅 전

페인팅 후

· 문짝/몰딩

연식이 있는 주택은 몰딩과 문짝이 체리색인 경우가 많다. 교체를 하자니 비용이 100만 원 이상 들고, 그대로 두자니 계속 눈에 거슬린다면 과감히 셀프 페인팅에 도전해 보자.

집값 높여도 잘 팔리는 부동산 인테리어

· 문짝/몰딩 셀프 페인팅 전 ·

문짝/몰딩 밑 작업을 위한 기본 준비물

앞선 침실 벽지 페인팅과 마찬가지로 몰딩과 문짝을 페인트칠하기 전에도 '바탕 만들기'를 해야 한다. 기본적인 준비물은 스크레이퍼, 스틸 헤라, 마스킹테이프 등 벽지 페인팅 때와 같다. 그밖에 다음과 같은 준비물이 필요하다.

· 문짝/몰딩 페인트 작업을 위한 준비물 ·

문짝/몰딩 바탕 만들기 작업

● 작업 순서

① 페인트가 묻으면 안 되는 곳을 꼼꼼히 감싼다. 이때 바닥은 커버링테이프로 보양하기도 하지만, 아래 우측 사진처럼 '텐텐지'를 이용하기도 한다. 텐텐지는 철물점이나 인터넷에서 한 롤(0.2T×100cm×100m) 기준으로 2만 원에 판매하며, 잘 찢어지지 않고 작업이 간편하다는 장점이 있다.

· 페인팅 전 보양 ·

② 도어레버(문손잡이)를 철거한다.

· 도어레버 철거 ·

집값 높여도 잘 팔리는 부동산 인테리어

③ 몰딩과 문짝·문선의 이물질을 스크레이퍼로 제거하고, 도배 연결 부위를 절개한다. 도배 연결 부위를 절개하는 이유는 이렇게 하지 않으면 기존 벽지를 뜯어낼 때 페인트가 같이 뜯겨 나갈 수 있기 때문이다.

· 이물질 제거 및 도배 연결 부위 절개 ·

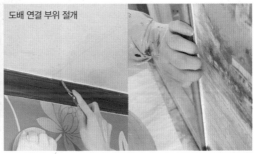

이물질 제거　　도배 연결 부위 절개

본격적인 몰딩/문짝 페인트칠하기

● 작업 순서

① 문짝·문선과 몰딩에 젯소를 바른다.

먼저 붓과 짧은 롤러(5')로 구석구석 칠하고 큰 롤러(9')를 이용해

넓은 면을 칠하면 된다. 이때 젯소는 1회만 칠하면 되는데, 젯소를 칠해도 바탕색이 계속 올라오는 경우에는 한 번 더 칠해도 무방하다.

· 젯소 칠 ·

② 젯소가 완전히 건조된 후(1~2시간 경과)에 페인트를 바른다. 페인팅 방법은 젯소를 바르는 방법과 동일하다.

페인트는 침실 페인팅과 같은 방법으로, 매장을 방문해 조색해서 미리 준비해 두면 된다. 몰딩은 약간의 우윳빛깔이 도는 화이트라 젯소와 컬러 구분이 어렵다.

③ 1차 페인팅 후에는 완전히 건조하고 나서 전체적으로 사포질 (120~220방)을 한다.

사포질을 하는 이유는 2차 페인팅을 할 때 컬러를 좀 더 잘 스며들게 하는 효과가 있기 때문이다. 전체적으로 훑어 주듯이 하면 된다.

사포질 후 문틀과 문짝의 몰딩 사이사이를 실리콘으로 꼼꼼히 쏜 다음 물티슈로 닦아 주면 붓이나 롤러가 잘 들어가지 않는 부분까지 빈틈없이 마감할 수 있다.

· 사포질 및 실리콘 작업 ·

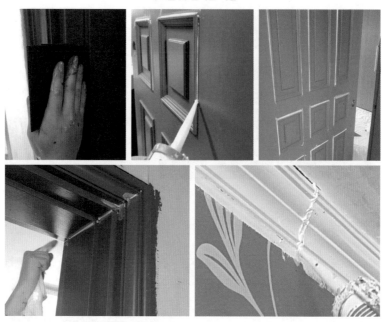

· 문짝/몰딩 페인팅 완료 ·

· 발코니

　침실과 문짝/몰딩 페인팅에 성공했다면 발코니 페인팅에 도전해

보자. 다만 천장까지 페인트를 칠해야 하기 때문에 조금은 힘들 수

있다는 점을 유의하자.

　　　　　　　　　　　　집값 높여도 잘 팔리는 부동산 인테리어

발코니 밑 작업을 위한 기본 준비물

침실 벽지, 문짝/몰딩과 마찬가지로 발코니 또한 '바탕 만들기'를 해야 한다. 기본적인 준비물은 다른 페인팅과 같고, 그밖에 다음과 같은 준비물이 필요하다. 특히 발코니 페인트의 경우 친환경 수성 곰팡이·결로 방지 페인트를 사용하는 것이 좋다.

· 발코니 페인트 작업을 위한 준비물 ·

발코니 페인팅 바탕 만들기 작업

● 작업 순서

① 페인트를 칠하기 전 커버링테이프 및 마스킹테이프로 바닥과 가구 주변, 수전이나 콘센트 등을 꼼꼼히 감싼다. 특히 천장 작업을 할 때 페인트가 아래로 많이 떨어지기 때문에 되도록 바닥 전체를 보양하는 것이 좋다.

　② 기존 페인트가 들뜨거나 이물질이 붙어 있는 면을 스크레이퍼로 긁어내고, 깨지거나 금이 간 곳은 헤라에 퍼티를 묻혀 꼼꼼히 바른다.

　퍼티는 날씨에 따라 건조 시간이 다른데, 만졌을 때 딱딱하게 굳어 있으면 완전 건조된 상태다. 이때 사포로 면을 문질러서 부드럽게 만들어 줘야만 페인트칠이 잘된다.

· 발코니 바탕 만들기 작업 ·

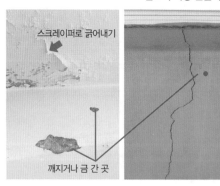

스크레이퍼로 긁어내기

깨지거나 금 간 곳

본격적인 발코니 페인트칠하기

● 작업 순서

① 페인트를 바를 때는 먼저 붓으로 모서리, 코너 주위를 칠한 뒤 넓은 면을 롤러로 칠하면 된다. 이때 롤러가 돌면서 페인트가 튈 수 있다. 따라서 롤러를 사용할 때는 'W' 자를 그리며 칠하는 것이 좋다. 전체적으로 1회 도포한다.

· 발코니 1차 페인트칠 ·

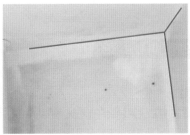

② 1차 도장이 끝난 후 2~3시간 정도 지나면 완전히 건조되므로, 동일한 방법으로 한 번 더 칠한다(페인트는 2회 도장이 기본). 이때 주의해야 할 점은 보양하기 위해 감쌌던 커버링테이프 및 마스킹테이프는 페인트가 완전히 굳기 전에 벗겨 내야 한다는 것이다. 그래야 페인트가 같이 떨어지는 것을 방지할 수 있다.

장마철이나 기온이 5℃ 이하로 떨어지는 날에는 표면에 기포가 올라오고 도막에 균열이 생길 수 있기 때문에 작업을 피하는 것이 좋다.

· 발코니 페인팅 완료 ·

 남 대표의 **인테리어 깨알** TIP

남은 페인트 보관법
남은 페인트를 보관할 때는 용기 입구에 묻은 페인트를 깨끗이 닦아 낸 후 뚜껑을 닫아야 완전한 밀폐가 가능하다. 상온 5~30℃에서 최대 12개월까지 보관할 수 있다.

사용한 붓 · 롤러 보관
수성 페인트에 사용한 붓과 롤러는 흐르는 수돗물에 깨끗이 세척한 후 2시간 정도 물에 담가 두는 게 좋다. 2시간 뒤에는 잘 턴 다음 서늘한 곳에서 바짝 말린 후 신문지에 감싸서 보관하면 특별한 관리 없이도 다시 사용할 수 있다.

· 욕실

욕실 공사는 인테리어 시 항상 신경이 많이 쓰이는 공정이다. 가격 또한 덧방 기준으로 올수리 비용이 180만~200만 원에 달할 정도

집값 높여도 잘 팔리는 부동산 인테리어

로 부담스럽다. 그래서 예산이 없을 때는 욕실 타일 페인팅을 하는 것도 하나의 방법이다.

하지만 이 방법을 강력하게 추천하지는 않는다. 습식 공간에 사용되는 페인트는 시간이 지나면서 벗겨지는 일이 많아서 안 하느니만 못한 상황이 생길 수 있기 때문이다. 다만 어떤 제품을 어떻게 사용하느냐에 따라 가격 대비 효과를 높일 수 있다.

이번에는 욕실 타일 페인팅 방법에 대해 알아보자.

욕실 페인팅을 위한 기본 준비물

준비물은 앞선 벽체, 문짝/몰딩, 발코니 페인팅 작업 때와 기본적으로 동일하다. 그중에서도 특히 욕실은 타일 페인트 선정이 중요하다.

필자는 욕실에 주로 실외용 제품(던애드워드 에버쉴드 저광 실외용 울트라 프리미엄)을 사용하는데. 이유는 실내용 제품보다 물과 벗겨짐에 강하기 때문이다.

· 욕실 타일 페인트 준비물 ·

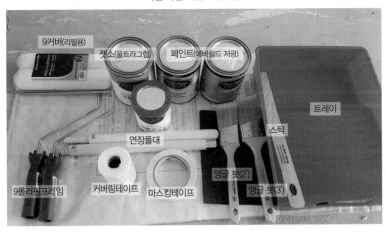

본격적인 욕실 페인트칠하기

● 작업 순서

① 우선 페인트가 묻으면 안 되는 곳에 커버링테이프 및 마스킹테이프로 꼼꼼히 보양 작업을 한다. 또한 제품(거울, 욕실장)을 철거하고, 남은 칼브럭의 돌출 부위를 커터칼로 깨끗이 잘라 낸 뒤 퍼티를 바른다. 그리고 타일 면에 젯소가 고르게 칠해지도록 사포(120방)를 전체적으로 문지른다.

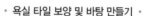

· 욕실 타일 보양 및 바탕 만들기 ·

② 젯소(페인트도 동일)를 처음 개봉하면 침전물이 바닥에 가라앉아 있으니 스틱으로 고르게 저어 준 뒤, 모서리나 코너처럼 롤러 작업이 어려운 곳과 몰딩 및 타일 줄눈 부위를 우선적으로 칠한다.

욕조 주변의 실리콘은 제거하고 페인트칠을 한 후 다시 코킹 처리하는 게 좋지만, 곰팡이 흔적이 없는 경우라면 젯소를 같이 칠해도 무방하다.

집값 높여도 잘 팔리는 부동산 인테리어

· 욕실 타일 젯소 붓 칠 ·

③ 롤러로 나머지 부분을 전체적으로 바른다. 젯소는 작업 당일의 날씨에 따라 건조되는 시간이 다르긴 하지만, 일반적으로 1시간이면 완전히 건조된다.

코너와 모서리가 가장 늦게 건조되기 때문에 해당 부위를 확인하면 된다.

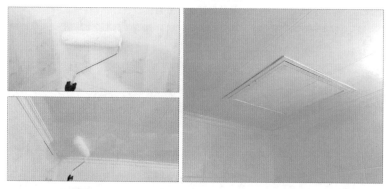

④ 페인트칠을 한다. 젯소와 동일하게 붓으로 먼저 칠한 다음 롤러로 넓은 면을 칠한다. 페인트칠을 할 때 아래 사진의 빨간색 동그란 부분처럼 페인트가 흘러내리는 것은 물을 많이 섞어서 생기는 현상이므로 희석하는 물의 양을 줄여야 한다.

페인트는 2시간 정도면 건조된다.

· 욕실 타일 1차 페인트칠 ·

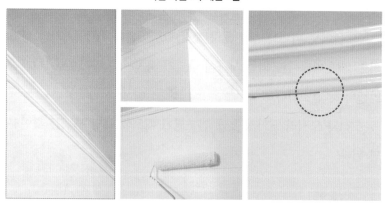

⑤ 페인트칠을 한 번 더 한다. 페인트칠을 하는 방법은 1차와 동일한데, 마지막으로 칠하는 것이기 때문에 완전히 건조되기 전에 보양했던 커버링테이프와 마스킹테이프를 제거해야 페인트가 같이 벗겨지는 것을 방지할 수 있다.

· 욕실 타일 2차 페인트칠 후 보양 테이프 철거 ·

· 욕실 페인팅 변경 전·후 ·

페인팅 전	페인팅 후

시트지 작업

셀프 인테리어에서 가성비가 좋은 작업 두 가지를 고르라면 페인 팅과 시트지 작업이다. 특히 시트지 작업은 페인팅처럼 바탕 작업이 나 보양을 해야 하는 등의 번거로움조차 없기 때문에 초보자도 쉽게 작업이 가능하다.

30평형대의 싱크대를 교체하면 기본 200만 원이 훌쩍 넘는다. 시 트지만 시공하더라도 40만~60만 원이 넘는 경우가 많은데, 셀프 인 테리어를 하면 단돈 몇만 원이면 가능해 비용이 많이 절감된다.

시트지로 가장 큰 효과를 볼 수 있는 건 가구다. 그중 싱크대의 시트지 리폼은 전체적인 공간의 느낌까지도 바꿀 수 있기 때문에 셀 프 인테리어족이 가장 선호하는 작업 중 하나다.

집값 높여도 잘 팔리는 부동산 인테리어

시트지를 붙이기 위해서는 우선 자재를 선정해야 한다.

시트지의 종류를 선택할 때는 20평형은 상·하부장 모두 화이트, 30평형대 이상은 상부장은 화이트·하부장은 그레이 컬러를 사용하면 안정감 있게 공간을 연출할 수 있다.

시트지 리폼 사이트

시트지 리폼을 위해 셀프 인테리어족이 가장 많이 찾는 사이트가 '장덕수 시트지연구소www.jdsoo.co.kr'다.

이 사이트의 좋은 점은 시트지의 종류도 다양하지만 실제 시공 후기를 통해 간접 경험이 가능하다는 것이다. 후기를 보면 시공 전·후 모습과 적용한 제품의 넘버가 기재되어 있어 시트지 결정 시 도움이 많이 된다.

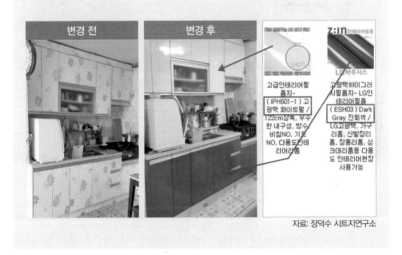

자료: 장덕수 시트지연구소

시트지까지 결정했다면 주문을 해야 하는데, 시트지는 1m 단위 (폭 1.22m)로 판매하기 때문에 가구의 면적을 먼저 계산해야 한다.

싱크대 상·하부장의 높이는 대략 750~850mm 정도인데, 상부장과 하부장의 높이를 더하면 시트지 한 폭 기준인 1.22m를 초과한다. 그래서 필자는 넉넉하게 상·하부장 각각의 전체 길이를 더해서 주문한다. 하지만 그렇게 해서 버려지는 시트지가 아깝다면 가구 도어 사이즈를 일일이 계산해서 로스를 최소화해서 주문하면 된다. 이때 도어의 옆면을 시트지로 감싸는 경우를 생각해서 도어 사이즈보다 양쪽으로 각 5cm 정도 여유 있게 계산하는 것이 좋다.

· 싱크대 시트지 물량 계산 방법 ·

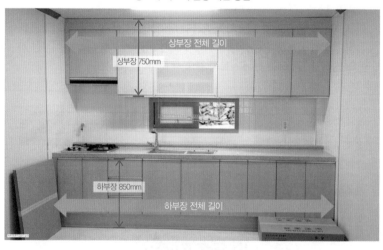

시트지를 붙일 때는 도어를 철거하지 않고 바로 붙이면 편할 것 같지만, 실제로 작업해 보면 오히려 더 불편하다. 시트지를 붙이기 전에는 문짝을 모두 떼어 내고 작업하는 게 용이하다.

시트지를 붙이기 전 이 단계를 어려워하는 사람들을 종종 볼 수 있는데, 전동드릴이 있다면 좀 더 편하게 작업이 가능하다.

집값 높여도 잘 팔리는 부동산 인테리어

철거는 싱크대용 정첩을 먼저 분리한 상태에서 서랍과 손잡이의 직결피스를 분리하면 된다. 이때 빌트인 가전기기의 직결피스도 모두 분리해야 시트지 작업이 용이하다.

· 싱크대 상 · 하부장 문짝 철거 부위 ·

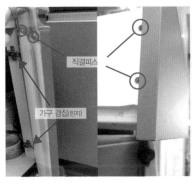

그럼 시공 방법에 대해 좀 더 자세히 알아보자.

아래 사진은 보조 주방에 있는 하부장이다. 원래는 밝은 화이트였는데, 도장은 시간이 지남에 따라 사진과 같이 누렇게 변하는 경우가 많다. 그래서 원래의 밝은 화이트로 리폼할 계획을 세웠다.

· 보조 주방 하부장 시트지 부착 전 ·

시트지 작업을 위한 준비물은 다음과 같다.

· 싱크대(보조 주방) 시트지 작업 준비물 ·

시트지 리폼 작업하기

● 작업 순서

① 도어를 고정하고 있는 가구 경첩(2개)을 탈거해야 한다. 아래 사진의 우측 동그라미 안쪽의 직결피스 한 개만 풀면 문짝이 분리된다(경첩의 종류에 따라 다를 수 있음).

· 문짝 철거 ·

집값 높여도 잘 팔리는 부동산 인테리어

② 문짝 위에 시트지를 올려놓고 도어 자리를 밀대로 눌러 표시한 뒤, 양쪽으로 5cm 정도 여유 있게 재단한다. 뒷면에 눈금이 표시되어 있어 자르기가 편하다.

· 시트지 재단 ·

③ 이면지를 조금 벗겨 내서 문짝 우측 기준점에 살짝 붙인다. 그런 다음 한 손으로는 이면지를 벗기고, 다른 한 손으로는 밀대를 화살표 방향으로 문질러 가며 붙인다. 이때 이면지를 벗겨 내는 속도와 문질러 주는 속도를 맞춰서 시공하는 게 포인트다.

· 시트지 부착 ·

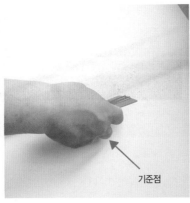

기준점

문짝 끝 선

이면지를 너무 일찍 벗겨 내면 기포가 생기므로 주의해야 한다. 문짝 전면에 시트지가 고르게 붙었으면 다시 한번 밀대로 문짝의 끝선을 눌러 주는 게 좋다.

④ 사방에 남은 시트지는 잘라 내야 한다. 모서리 끝에서 비스듬히 칼날을 넣은 다음, 칼날을 바짝 대고 모서리를 따라 자른다.

모서리 끝을 정리하는 방법은 크게 3가지다. 문짝 모서리 끝에서 잘라 내는 방법, 옆면 끝에서 잘라 내는 방법, 옆면을 감싸는 방법이 그것이다.

굳이 옆면까지 시트지를 붙이지 않아도 깨끗하다면(문짝이 닫힌 상태에서는 옆면이 보이지 않음) 모서리 끝에서 잘라 내는 게 가장 간단하지만, 시간이 지나면 끝부분이 들뜰 수 있다. 그럴 경우에는 스프레이 접착제를 뿌려 주면 좋다.

· 모서리 및 옆면 정리 방법 ·

① 모서리 끝에서 잘라 내는 방법

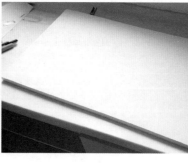

② 옆면 끝에서 잘라 내는 방법

③ 옆면을 감싸는 방법

집값 높여도 잘 팔리는 부동산 인테리어

⑤ 시트지 붙이기를 완료했다면 문짝을 탈거했던 역순으로 다시 달아 준다.

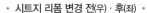

• 시트지 리폼 변경 전(우) · 후(좌) •

싱크대, 붙박이장, 신발장 등 모든 가구의 시트지 붙이는 방법은 동일하다. 문짝의 크기와 개수 차이만 있을 뿐이다.

시트지 리폼의 효과는 탁월하다. 제대로만 시공하면 낡고 지저분했던 가구를 새것처럼 탈바꿈할 수 있기 때문이다. 다음 페이지의 붙박이장도 마찬가지 사례다.

15자 붙박이장인데 가구가 오래되기도 했고 햇빛을 바로 받으면서 누렇게 변했다. 철거하고 새로 설치하자니 비용만 225만 원(1자=15만 원) 가까이 들고, 그냥 쓰자니 신혼집에 너무 어울리지 않았다.

하지만 시트지로 리폼하고 손잡이도 블랙 무광(락카 스프레이)으로 포인트를 더해 단돈 15만 원(시트지+부자재)에 세련된 새 가구로 탈바꿈시켰다. 210만 원의 절감 효과를 본 셈이다.

· 침실 붙박이장 시트지 작업 ·

· 침실 붙박이장 시트지 리폼 변경 전 · 후 ·

변경 전

변경 후

집값 높여도 잘 팔리는 부동산 인테리어

손쉬운 댐핑 장치 만들기

가구 문짝을 닫아 보면, 서서히 닫히는 게 있고 텅텅거리면서 닫히는 게 있다. 서서히 닫히는 기능을 댐핑이라고 하는데, 댐핑은 가구 경첩(힌지)에 이 기능이 있는 제품에서만 가능하다.

하지만 경첩이 아니라도 가능한 방법이 있다. 가구에 '도어 스무버(1,400원/개)'를 설치하는 것이다. 다음 그림의 동그라미 부분에 직결피스로 고정하면 된다.

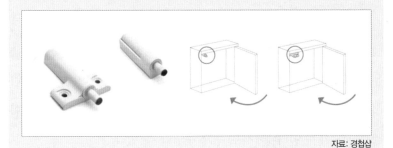

자료: 경첩샵

초간단
셀프 인테리어

타일 줄눈 제거

타일 줄눈은 아래 사진처럼 쉽게 지저분해지거나 때가 끼기 쉽다. 그런데 돈을 들여서 타일 공사를 하기에는 부담스럽고, 그렇다고 줄눈 시멘트를 구입해서 직접 하자니 엄두가 나지 않는다. 그럴 때 간단하게 할 수 있는 방법이 타일 줄눈 보수제를 사용하는 것이다. 타일 줄눈 보수제는 인터넷에서도 쉽게 구입할 수 있다.

· 타일 줄눈 오염 ·

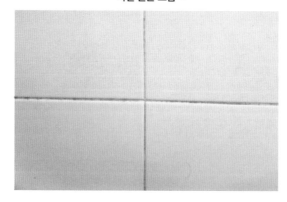

집값 높여도 잘 팔리는 부동산 인테리어

그런데 줄눈 보수제는 물을 많이 쓰는 욕실에서 사용하기에 적합하지 않다. 제조사에서는 욕실 사용도 권하지만, 필자가 사용해 본 결과 시간이 지나면서 제품이 떨어져 나가는 경우가 많아 그다지 효과를 보지 못했다. 완전히 경화하는 데 시간도 오래 걸려서 작업하고 화장실을 바로 사용하기도 불편하다.

하지만 욕실에만 타일이 있는 것은 아니다. 물이 많이 닿지 않는 주방 벽타일도 있지 않는가? 이곳이라면 물기나 습기로 인해 탈락될 염려가 적기 때문에 안심하고 사용해도 된다.

● 작업 순서

① 타일 벽을 깨끗이 닦아 낸다.

② 기존 메지(줄눈)를 제거한다.

만약 기존 메지를 제거하지 않고 제품을 바를 경우, 제품이 홈에 제대로 채워지지 않고 옆으로 흘러내릴 수가 있다. 인터넷에 '줄눈 제거기'라고 검색하면 제품이 많이 나온다. 제거기가 준비되지 않았다면 못이나 스틸로 된 헤라로도 가능하다.

③ 제품을 바른다.

용기를 눌러야만 보수제가 나오는데 손가락 힘이 약하면 잘 눌러지지 않는 단점이 있다. 또한 보수제를 바르다가 옆으로 흘러내리면 물티슈로 바로 닦는 게 좋다.

• 타일 줄눈 보수 후 •

벽 선반 설치

작업 전 선반을 준비한다[이케아 LACK 제품은 보강 철물(고정부품)이 드러나지 않는 장점이 있다].

● 작업 순서

① 설치하고자 하는 벽면에 마스킹테이프를 붙인다. 마스킹테이프를 붙이는 이유는 혹시 표시를 잘못했을 때 수정이 간단하기 때문이다.

• 마스킹테이프 붙이기 •

집값 높여도 잘 팔리는 부동산 인테리어

② 보강 철물을 마스킹테이프 위에 올려놓고 수평을 맞춘 후 구멍 뚫을 자리를 표시한다.

· 구멍 뚫을 자리 표시 ·

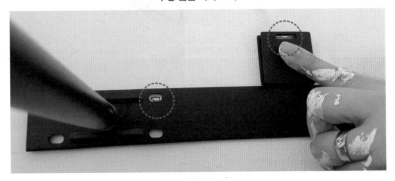

③ 표시된 자리에 칼브럭을 설치할 수 있도록 구멍을 뚫어 준다. 이때 중요한 게 드릴 비트보다 칼브럭이 약간 커야 한다는 것이다. 그래야 칼브럭이 빡빡하게 꽂히기 때문이다. 드릴 비트는 약 6mm 정도가 적당하다. 콘크리트 벽이라 구멍이 잘 안 뚫릴 수 있다. 장비가 좋으면 몰라도 그게 아니라면 정말 있는 힘껏 뚫어야 한다.

칼브럭　　드릴 비트

④ 벽에 칼브럭을 끼운 뒤 직결피스로 보강 철물을 결속하고 선반을 설치한다.

· 선반 설치 완료 ·

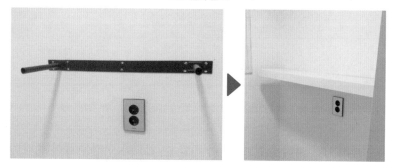

와이어 액자걸이 걸기

벽이 타일이라 못을 박기가 어렵거나 임대인이 벽에 못을 박지 못하게 하는 경우에는 와이어 액자걸이를 사용하면 제격이다. 액자걸이에는 레일형과 고정형 두 종류가 있다.

레일형 액자걸이란 말 그대로 레일이 있을 때만 설치 가능한 제품이다. 그런데 주택에서는 일반적으로 레일이 없는 경우가 많다. 레일을 별도로 구매해서 설치할 수도 있지만, 레일을 이동하면서 사용할 게 아니라면 고정형 액자걸이 사용을 추천한다.

고정형은 보통 사이즈(허용 하중)에 따라 '대(5kg 이상)' 또는 '소(2~3kg)' 두 가지 종류로 나뉘며, 걸어 놓을 대상에 맞춰 인터넷에서 구매하면 된다. 업체마다 조금씩 다르긴 하지만, 제품을 구입하면 아래와 같이 배송된다.

· **고정형 액자걸이 부속품** ·

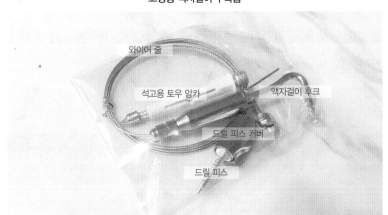

와이어 줄
석고용 토우 앙카
액자걸이 후크
드릴 피스 커버
드릴 피스

몰딩 없이 천장에 바로 부착해야 하는 경우는 '석고 앙카 드릴 피스'를 사용하고, 몰딩이 있는 경우에는 일반 '드릴 피스'를 사용하면 된다.

● 작업 순서
① 액자를 설치할 위치의 천장 몰딩에 드릴 피스를 고정한다.

② 길게 내려온 와이어를 설치할 높이에 맞춰서 적당히 조절한다. 동그란 부분을 돌리면서 와이어 줄을 아래로 당기면 높낮이 조절이 가능하다.

· 와이어 줄 높낮이 조절 ·

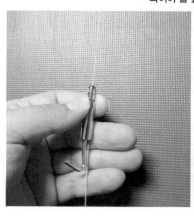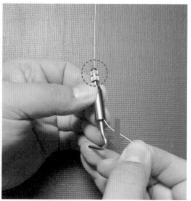

③ 이제 준비된 액자를 걸면 되는데, 액자 뒷면의 걸이는 고리형보다 와이어형이 좋다. 만약 와이어가 없다면 다음 사진의 가장 우측

처럼 밑쪽에 걸 수 있는 제품이 좋다.

• 여러 가지 고리 유형: 와이어형(상), 고리형(하), 배면고리형(우) •

• 액자 설치 및 홈퍼니싱 완성 •

인테리어 실전 노하우

곰팡이 제거

· **발코니**

곰팡이는 한번 생기기 시작하면 아무리 닦아 내도 계속 생긴다. 퀴퀴한 냄새도 문제지만, 공기 중에도 곰팡이 입자가 떠다녀 호흡기가 약한 아이들이 있는 집에서는 더욱더 골칫거리가 아닐 수 없다.

곰팡이는 실내와 실외의 온도 차이로 발생하는 결로로 인해 생겨난다. 만약 단열재를 외벽으로 감싸고 끊김 없이 시공했다면 결로가 발생할 확률이 낮다.

하지만 발코니는 외부가 아닌 내부로 단열재가 감싸져 있기 때문에 발코니 벽은 단열재가 없는 경우가 대부분이다. 그러다 보니 자주 환기하고 관리해 주지 않으면 곰팡이가 생길 수밖에 없다.

업체에 곰팡이 제거 후 도장을 요청하면 기본 15만~20만 원이 추가되고, 면적에 따라 가격이 더 올라갈 수도 있다. 하지만 이렇게 큰 돈을 들이지 않고도 발코니 곰팡이를 제거할 수 있는 방법이 있는데, 바로 '스칼프'라는 제품을 사용하는 것이다.

요즘은 발코니 쪽에도 단열재가 연결되는 '끊김' 없는 시공이 많이 이뤄지고 있다.

스칼프는 두 가지 방법으로 사용이 가능하다. 용액을 붓에 묻혀서 곰팡이 위에 바르는 방법과 분무기로 곰팡이에 직접 분사하는 방법이다(개인적으로는 두 번째 방법을 선호한다).

제품을 뿌리면 곰팡이가 희석되면서 물처럼 흘러내린다. 한 번에 지워지지 않기 때문에 뿌리고 닦기를 여러 번 반복하다 보면 점점 눈에 띄게 깨끗해지는 것을 확인할 수 있다. 단, 스칼프를 사용하더라도 항상 잘되는 건 아니다. 필자의 경험으로는 성공 확률이 70% 정도다. 그리고 냄새가 심하기 때문에 작업 시 창문을 살짝 열어 두어야 현기증이 나는 것을 예방할 수 있다.

· 스칼프 사용 전(좌) · 후(우) ·

· 침실

곰팡이는 발코니에만 피는 것이 아니다. 사실 더 골치 아픈 것은 침실 벽지에 피는 곰팡이다. 발코니 곰팡이는 스칼프로 제거하고 다시 도장만 하면 되지만, 침실에 핀 곰팡이는 벽지를 완전히 제거해야 한다. 심지어 석고보드 혹은 단열보드까지 철거해야 할 수도 있다.

침실 곰팡이는 외벽과 바로 면한 벽체나 가구에 가려지는 뒤쪽 벽에 특히 많이 발생한다. 겉으로 봤을 때는 곰팡이가 조금밖에 없는 것 같았는데, 막상 벽체를 철거해 보면 벌써 상당히 진행된 경우가 많다.

왜 그런 것일까? 침실도 발코니와 마찬가지다. 결국 단열이 문제다. 단열이 부실하기 때문에 결로가 생기고 곰팡이가 발생하는 것이다.

아래 사례는 외벽에 면한 벽체에 단열보드를 시공한 경우다. 하지만 단열재를 붙였음에도 불구하고 곰팡이가 피었다. 원인은 시공 방법 때문이다.

가장 우측 사진의 화살표를 자세히 보자. 본드가 덕지덕지 붙어

· 침실 곰팡이 사례 및 철거 후 내부 ·

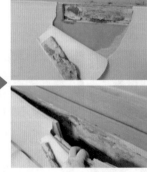

집값 높여도 잘 팔리는 부동산 인테리어

있는 게 보이는가?

이런 방식의 시공법을 떠붙이기(현장 용어로는 '떠바리')라고 하는데, 타일의 떠붙이기와 동일하다. 이러한 단열공사는 하나마나한 작업이다. 99.9% 하자가 발생한다.

그런데 왜 항상 구석진 곳에 곰팡이가 생길까?

열화상 카메라로 구석을 찍으면 그쪽의 온도가 가장 낮은데(색이 짙고 검을수록 표면 온도가 낮음), 이유는 구석 쪽 벽체의 열 손실이 가장 많기 때문이다. 그래서 항상 구석에서부터 곰팡이가 시작하는 것이다.

· **열화상 카메라로 찍은 벽체 온도** ·

자료: 플리어

벽면에 곰팡이가 많을 때 바닥 마감재를 걷어 내면 상태가 벽체 못지않을 때가 많다.

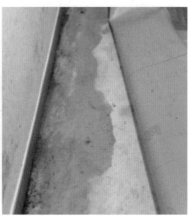

  벽체처럼 벌써 곰팡이가 피었거나, 곰팡이는 아니더라도 장판을 걷는 순간 물기가 흥건하다. 이럴 경우 하루에 한 번 10~20분씩만 환기해 줘도 많이 개선할 수 있다.

  필자는 침실 내부에 곰팡이가 생겼을 경우 '햄시바'라는 제품으로 처리하거나, 열반사 단열재와 합판을 이용하는 방법을 사용한다. 햄시바는 뒤에 나올 막퍼줘 프로젝트 사례를 통해 알아보고, 여기서는 단열재를 이용하는 방법을 알아보자.

단열재를 이용한 침실 곰팡이 제거

  ● 작업 순서

  ① 곰팡이가 발생하면 기존 마감재와 단열재 등을 모두 깨끗이 철거해야 한다(만약 단열공사 업체에서 곰팡이 위에 덧붙여 시공하려고 한다면 차라리 그냥 돌려보내는 게 좋다).

벽체를 완전히 철거하고 나면 곰팡이가 핀 정도를 가늠할 수 있는데, 연결된 벽체라 하더라도 확실히 외벽이 내벽보다 정도가 심하다.

· 벽체 마감 철거 후 ·

② 벽체를 철거하고 나서 스칼프를 뿌려 곰팡이를 제거한 후 단열 작업을 한다.

남 대표의 인테리어 깨알 TIP

단열 작업을 위한 추천 제품

하이홈테크 홈페이지hihometech.net를 보면 열반사 단열재와 부자재가 있는데, 우선 열반사 단열재를 클릭해서 '하이테크7000(10T/단면)'을 선택한다(1롤의 규격 폭 1m×길이 25m).

크기가 3m×4m 정도인 방의 두 면에 붙이려면 20m 정도가 소요되기 때문에 1롤을 구입해도 되고, 1m 단위로 20개를 구입해도 된다(롤로 구입할 경우 좀 더 저렴하다).

그리고 단열재를 붙이기 위해서는 단열재 전용 본드와 은박테이프가 필요하다(단열재를 좀 더 잘 붙이려면 '월드폼본드'를 추가로 구입하면 좋다).

③ 단열재에 구입한 전용 본드를 전체적으로 바르고, 테두리 주변으로 폼 본드를 또 한 번 뿌린다.

· 단열재 본드 시공 ·

④ 단열재를 벽체에 붙이면 되는데, 이때 벽에도 똑같이 전용 본드와 폼 본드를 바르는 것이 중요하다.

· 단열재 벽면 부착 ·

이렇게 본드를 전체적으로 꼼꼼히 바르는 이유는 단열의 생명은 '밀실 시공'이기 때문이다. 기존 단열보드는 떠붙임 형태로, 밀실 시공이 아니었기에 곰팡이가 피었다. 이처럼 단열재는 항상 압착된 상태

집값 높여도 잘 팔리는 부동산 인테리어

로 붙어 있어야 제 기능을 발휘할 수 있다.

· 열반사 단열재 시공 완료 ·

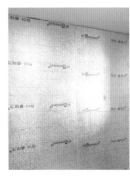

⑤ 열반사 단열재 시공이 완료되면 합판 시공을 한다. 이때 사용하는 합판은 일반 합판보다 외기와 결로에 강한 '내수합판(9T 또는 12T)'을 사용하는 것이 좋다.

간혹 가격이 저렴한 방수 석고보드를 사용하는 작업자들이 있는데, 합판보다는 성능이 떨어지지만 그래도 괜찮은 수준이다. 하지만 MDF를 사용하려는 업자들이 있다면 돌려보내는 것이 좋다.

· 열반사 단열재 위 내수합판 시공 ·

⑥ 이렇게 합판 시공까지 완료한 다음 도배지로 마감한다. 여기서 좀 더 보완하고 싶다면 단열벽지를 붙이는 것도 방법이 될 수 있다.

단열 공사를 더욱더 제대로 진행하길 원한다면 두 가지 방법을 제안하고 싶다. 단열 공사는 집의 에너지 효율을 높이고 쾌적한 실내 환경을 유지하기 위해 매우 중요한 작업이다. 앞서 언급한 방법들 외에 아이소핑크와 연질 우레탄폼을 사용하는 것도 단열 공사에서 널리 사용되는 주요 방식이다. 시공 시 각각의 특성과 장단점을 이해하고 적재적소에 활용하는 것이 핵심이다.

아이소핑크 단열은 정밀하고 견고한 마감이 가능하다. 압출법으로 제작된 폴리스티렌 단열재로, 습기에 강하고 오랫동안 변형 없이 단열 성능을 유지하는 것이 특징이다. 표면이 단단해서 벽체 및 바닥 단열에 적합하며, 내구성이 높아서 외부 충격에도 강하다.

아이소핑크를 활용할 때는 이음새의 틈새를 꼼꼼히 메우는 작업이 중요하다. 틈새가 생기면 단열 효과가 떨어질 수 있으므로 폼 충진재나 마감 테이프를 활용해서 빈틈없는 마감을 해야 한다. 다만 이러한 시공 방식은 작업 시간이 다소 늘어날 수 있으며, 상대적으로 자재 비용이 높다는 점도 고려해야 한다.

연질 우레탄폼 단열은 복잡한 구조의 공간에서 강점을 발휘한다. 액체 형태의 폴리우레탄을 스프레이로 분사하면, 경화 과정에서 부풀어 오르며 틈새를 완벽히 메운다. 덕분에 단열 성능이 뛰어나며, 좁은 공간이나 굴곡진 면에도 빈틈없이 시공할 수 있다.

집값 높여도 잘 팔리는 부동산 인테리어

· 아이소핑크 단열 ·

· 연질 우레탄폼 단열 ·

연질 우레탄폼은 시공 속도가 빠르고, 접합 부분이 없어 단열 성능이 균일하다는 점에서 높은 평가를 받는다. 그러나 화재에 취약할 수 있으므로 방화 등급이 높은 제품을 선택하거나 방화 마감재와 함께 사용하는 것이 안전하다. 또한, 분사 후 수축 현상이 발생할 수 있어 두께를 충분히 계획한 후 작업해야 한다.

아이소핑크와 연질 우레탄폼은 각각의 특성에 따라 적합한 환경이 다르다. 아이소핑크는 벽체와 바닥의 단단하고 정밀한 시공에 적합하며, 연질 우레탄폼은 굴곡진 면이나 복잡한 구조물의 단열에서 탁월한 성능을 발휘한다. 두 방법 모두 장단점이 있으므로 공사 현장의 환경과 예산, 단열 효과를 종합적으로 고려해서 선택해야 한다.

단열 공사는 집의 에너지 효율을 결정짓는 중요한 작업이다. 앞서 제안한 방법들을 포함해서 단열재와 시공 방식을 신중히 결정하고, 숙련된 전문가와 상의해서 디테일한 시공 계획을 세운다면 쾌적하고 효율적인 실내 환경을 만들어 낼 수 있을 것이다.

현관 중문 설치

현관 중문은 현관과 거실(복도) 공간을 분리해 주고, 단열 효과 및 방음에도 탁월하다. 만약 아직 현관 중문이 없다면 설치하길 권한다.

요즈음 중문의 프레임은 점점 슬림해지고 단열과 결로에 강한 제품들이 출시되고 있다. 물론 가격은 성능에 비례해서 올라간다. 철제 메탈 도어와 일반 도어의 가격 차이도 크다.

그래서 중문을 설치하더라도 규격이나 성능, 가격 등을 꼼꼼히 따져 보고 자신의 집에 맞는 제품을 설치하는 게 좋다.

중문은 열리는 방법에 따라 몇 가지로 분류된다.

· 슬라이딩 도어

건설사에서 가장 많이 적용하는 타입으로 디자인이 심플하다. 특히 메탈 도어의 경우 일반 ABS(혹은 PVC)보다 고급스러운 느낌을 준다. 보통 80만~120만 원에 설치 가능하다.

· 슬라이딩 도어 ·

다만 설치 시 문 크기만큼의 추가 공간이 필요하기 때문에 적용이 쉽지 않은 단점이 있다.

• 슬라이딩 도어 설치 가능(좌), 설치 불가(우) •

• 슬라이딩 도어 설치 가능(좌), 설치 불가(우) •

· 미닫이 3연동 도어

미닫이 도어는 개별 인테리어 공사 시 가장 많이 선택하는 중문 아이템이다.

주로 3연동을 많이 쓰는데, 현관 오픈 사이즈가 클수록 좋다. 3연동이란 말 그대로 3개짜리 도어를 뜻하는데, 오픈 사이즈가 커야 한쪽으로 밀었을 때 공간이 많이 남기 때문이다.

84m² 현관의 오픈 사이즈를 1,200mm라고 가정했을 때, 3연동 도어를 설치하면 남는 공간이 800mm 정도 된다.

• 미닫이 3연동 도어 •

집값 높여도 잘 팔리는 부동산 인테리어

일반적으로 현관 입구를 900m로 계획하는 경우가 많다. 하지만 필자는 1,500mm 미만의 현관에서는 3연동 도어를 그다지 추천하지 않는다. 더욱이 2연동 도어라면 문을 개폐했을 때 남는 공간이 600mm밖에 되지 않는다. 가격은 90만 원 선이다.

· **3연동(또는 2연동) 포켓 도어**

3연동(또는 2연동) 도어가 가진 단점을 보완해서 만든 제품으로, 벽 사이로 숨어 들어가 있는 것이 장점이다.

· 3연동 포켓 도어 ·

대신 다음과 같이 현관 한쪽 면에 신발장이 부착되어 있어야 설치가 가능하다. 그래야만 아래 빨간색 점선 부분에 도어가 들어가는 '포켓 집housing'을 만들 수 있기 때문이다. 가격은 일반 미닫이 연동 도어와 비슷하다.

· 3연동(또는 2연동) 포켓 도어 가능한 구조 ·

· 여닫이 도어

미닫이 도어를 하고 싶으나 공간이 여의찮을 때 사용하는 제품으로, 편개 여닫이 도어와 양개 여닫이 도어가 있다. 양개 도어는 다시 대칭과 비대칭 타입으로 분류된다.

미닫이 도어나 슬라이딩 도어처럼 상·하부 레일 고정 방식이 아닌, 정첩으로 개폐가 연동되다 보니 비교적 시공이 단순하다. 가격대는 50만~80만 원 수준으로 저렴한 편이다.

· 여닫이 도어의 종류 ·

· 스윙 도어

문이 앞, 뒤 양방향으로 모두 열리는 도어다. 스윙 도어와 여닫이

집값 높여도 잘 팔리는 부동산 인테리어

도어는 얼핏 보면 헷갈릴 수 있는데, 사용하는 하드웨어가 다르다. 여닫이 도어는 정첩, 스윙 도어는 피봇 힌지를 사용한다. 특히 2짝 스윙 도어는 미닫이와 여닫이의 장점을 합쳐서 만들어진 제품으로 현관 폭이 좁거나 포켓 하우징을 만들 수 없는 경우에도 설치가 가능하다.

가격은 70만~120만 원 수준으로 좀 비싸긴 하지만, 공간을 효율적으로 사용할 수 있다는 장점이 있다.

· 스윙 도어 설치 ·

본인의 집에 어울릴 만한 중문 타입을 찾았다면, 인터넷 검색을 통해 주문하면 된다. 다만 인터넷 주문을 위해서는 실측이 필요하다 (간혹 가로 넓이를 상·중·하, 세로 높이를 좌·우 모두 요구하는 업체가 있다).

· 중문 사이즈 체크 방법 ·

① 벽과 벽 사이를 실측

② 천장부터 바닥까지 실측

 남 대표의 **인테리어 깨알** TIP

간살 도어와 자동문

최근 현관 중문으로 간살 도어가 많은 인기를 끌고 있다. 나뭇결과 깔끔한 라인이 돋보이는 간살 도어는 공간을 정돈된 느낌으로 연출하며, 따뜻하고 세련된 분위기를 제공한다. 특히 답답하지 않은 개방감을 주는 동시에 공간을 분리하는 효과를 볼 수 있어 좁은 현관에서도 많이 사용된다.

다만 간살 도어는 제작과 설치에 드는 비용이 상대적으로 높은 편이다. 그럼에도 불구하고 디자인적 장점과 고급스러운 연출 효과로 많은 사람이 선택하고 있다.

또한, 자동문이 중문에 도입되는 사례도 늘어나고 있다. 자동문은 사용 편의성을 높여 주며, 고급형 제품에서는 센서가 외부에 드러나지 않는 히든형 디자인이 적용되어 깔끔한 마감을 완성한다.

현관은 집의 첫인상을 결정짓는 중요한 공간이다. 따라서 중문을 선택할 때는 실용성과 디자인을 모두 고려해서 공간과 취향에 맞는 제품을 신중히 골라야 한다.

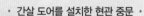
· 간살 도어를 설치한 현관 중문 ·

주방 가구 설치

인테리어 공사에서 많은 비용이 발생하는 공정 중 하나가 주방 가구다. 주방 가구의 설치 과정을 알아 두면 현장 점검 시 큰 도움이 되므로, 작업 순서를 자세히 알아보자.

● 작업 순서

① 기존 주방 가구를 철거한다.

기존 주방 가구를 철거할 때는 쿡탑이나 전기오븐과 같은 가전제품을 재사용할 것인지 말 것인지 결정해야 한다.

만약 다시 사용한다면 제조사와 제품 번호를 주방 가구 업체에 미리 알려 줘야 한다. 제품의 규격에 따라 상판의 타공 사이즈나 빌트인 가전의 오픈 사이즈가 달라지기 때문이다.

그리고 또 하나 확인해야 할 점은 가스 배관이다. 위의 사진을 보면, 기존 가스 배관이 레인지 후드 쪽으로 바로 꺾여 있는 것을 알 수 있다. 재시공 시에도 같은 형태로 똑같이 설치된다면 굳이 배관을 옮길 이유가 없지만, 만약 다음 페이지처럼 후드를 상부장 끝부분과 일직선으로 맞춘다면 간섭이 생긴다.

이럴 때는 지역 도시가스 업체에 연락해서 배관을 옮겨 달라고 얘기하면 2~3일 내로 작업해 준다. 비용은 10만~20만 원 정도다.

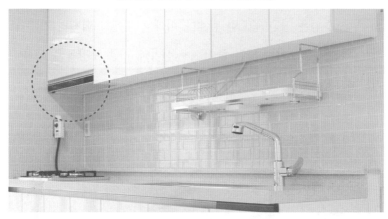

② 가구 철거 후 벽체 타일을 시공한다.

기존 벽타일이 붙어 있다면 타일 덧방 시공도 가능하다. 하지만 간혹 냉장고장 뒷부분이나 가구와 걸레받이가 만나는 부분의 마감이 깨끗하게 떨어지지 않는 경우가 있기 때문에 되도록이면 기존 타일을 철거하고 재시공할 것을 추천한다.

• 주방 벽체 타일 시공 •

③ 레이저 수평 맞춤을 한다.

처음 수평을 잡는 중요한 단계다. 아래 사진에서 벽체의 기존 보강목 위쪽으로 보이는 빨간 줄이 수평선이다. 기존 보강목을 사용하기도 하지만, 보통은 수평선에 맞게 다시 설치한다.

· 상부장 수평 작업 ·

④ 보강목을 설치하고 상부장을 고정한다.

보강목과 맞닿는 위치의 상부장 일부를 떼어 낸 다음, 가구를 보강목에 피스로 고정한다.

· 상부장 고정 작업 ·

집값 높여도 잘 팔리는 부동산 인테리어

⑤ 하부장 설치를 위해 가구 다리를 조립한다.

하부장 지판에 가구 다리를 설치한다.

· 하부장 다리 조립 ·

⑥ 하부장도 상부장과 마찬가지로 수평 작업 후 설치한다.

· 하부장 설치 작업 ·

⑦ 인조대리석 하부에 싱크볼을 부착한다.

하부장이 고정되면 상판을 올려야 하는데, 그전에 싱크볼을 먼저 부착한다.

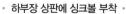

· 하부장 상판에 싱크볼 부착 ·

⑧ 설치된 하부장 위에 인조대리석을 올리고 고정한다.

· 하부장 위에 상판 고정 ·

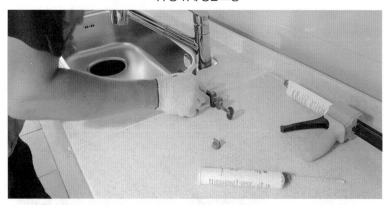

집값 높여도 잘 팔리는 부동산 인테리어

⑨ 인조석 이음 부위에 샌딩 작업을 한다.

하부장 길이가 2m를 넘으면 상판석은 두 개로 분리해서 시공한다. 따라서 이음새 부분이 자연스럽게 연결되도록 샌딩(면처리) 작업을 한다.

· 상판석 이음새 샌딩 작업 ·

⑩ 모서리 및 코너 싱크볼, 쿡탑 주변을 마감 코킹 처리한다.

· 마감 코킹 처리 ·

⑪ 상·하부장 및 인조대리석 설치를 마무리한다.

· 상 · 하부장 및 상판석 설치 확인 ·

⑫ 상부 훼샤 및 하부 걸레받이를 설치해서 완성한다.

· 훼샤 및 걸레받이 설치 ·

걸레받이 설치

걸레받이를 설치하는 목적은 벽체와 바닥의 서로 다른 마감재들의 '재료분리대' 역할을 하기 위함이다. 따라서 바닥재 또는 벽지와 유사한 컬러를 사용하는 것이 좋다.

하지만 벽지는 침실, 거실 등 공간마다 다른 경우가 많기 때문에 바닥재 컬러에 걸레받이 컬러를 맞추는 게 훨씬 안정적이고 바닥이 좀 더 넓어 보이는 효과가 있다.

걸레받이는 바닥재 업체가 시공하는 게 일반적이다. 마루를 깔면 마루 업자가, 장판을 깔면 장판 업자가 한다. 만약 타일이나 대리석으로 시공하면, 그때는 목공 작업자에게 의뢰하면 된다.

걸레받이가 바닥재와 유사 컬러로 되어 있지 않다면, 간단한 해결 방법이 있다. 바로 '걸레받이 필름'을 붙이는 것이다(인터넷을 통해 손쉽게 구할 수 있다).

시공 방법은 기존 걸레받이의 표면을 깨끗하게 정리하고, 아래쪽 면을 기준으로 수평으로 붙이면 된다.

• 바닥재와 다른 컬러의 걸레받이(좌), 바닥재와 같은 컬러의 걸레받이(우) •

몰딩처리

몰딩은 걸레받이와 마찬가지로 천장과 벽체의 재료분리대 역할을 하는 마감재다. 2000년대 초반에 지어진 아파트에 가 보면 아래 사진처럼 체리색으로 몰딩 처리한 집을 많이 볼 수 있다. 당시에는 체리색 몰딩이 고풍스러운 분위기를 자아내는 고급 인테리어라는 인식이 있었던 탓이다.

· 체리색 몰딩 ·

하지만 몰딩은 천장지와 비슷한 색으로 처리해야 튀지 않고 자연스러워 보인다. 요즈음 분양하는 아파트에서는 일명 '계단 몰딩'을 가장 많이 사용한다. 계단 몰딩에는 PVC와 MDF 두 종류가 있는데, PVC보다 공사가 용이한 MDF로 시공하는 것이 좋다.

컬러는 천장지가 대부분 흰색이기 때문에 같은 흰색을 선택하는 것이 무난하다. 걸레받이는 글루건이나 실리콘 등으로 붙이는 게 가능하지만, 몰딩은 콤프레셔와 에어타카 등의 장비를 이용해 붙이는

집값 높여도 잘 팔리는 부동산 인테리어

자료: 신길 센트럴자이

경우가 많기 때문에 되도록이면 목공 작업자를 부르는 게 좋다. 혹시 직접 시공하고 싶다면 인터넷이나 건축 자재 업체를 통해 제품을 구매할 수 있다.

공사할 때는 계단의 얇은 쪽이 벽으로 향하도록 해야 한다. 그래야 문선이 몰딩 사이로 쏙 들어가서 끝이 정리되어 보인다. 목창호의 문선뿐만 아니라 거실 아트월 타일이나 벽지 마감들도 작은 홈 안으로 들어가기 때문에 깔끔하게 마감된다.

· 계단 몰딩 설치 방향 ·

문손잡이 교체

인테리어를 할 때 오래돼서 색이 바랜 황금색 방문 손잡이(실무 용어로는 '도어레버'라고 한다)는 교체 1순위다. 이런 손잡이는 디자인도 너무 예스럽고 트렌디하지 못한 인상을 준다.

방문 손잡이는 보통 3가지 타입으로 구형 원형 손잡이, 일자형 도어레버, 푸시풀Push-Pull 레버가 있다.

일자형 도어레버는 위에서 아래로 가볍게 누르면서 문을 여는 형태로 손목 관절에 무리가 가지 않도록 디자인되었다. 한편, 푸시풀은 손잡이를 돌리거나 누르는 게 아니라 문이 열리는 방향과 동일한 쪽으로 레버를 밀거나 당기는 타입이다.

· **구형 원형 손잡이(좌), 일자형 도어레버(중), 푸시풀 레버(우)** ·

좌에서 우로 도어레버가 진화했다.

이 중에서 가장 많이 사용되는 방문 손잡이는 일자형 도어레버이며, 이것은 또 튜블러Tubular와 모티스Motise 2가지로 나뉜다.

먼저 튜블러 타입은 우리가 가장 흔히 보는 제품들이다.

다음 사진처럼 유선형 모양의 제품도 있고, 완전 일자형의 심플한 형태도 있다. 인터넷이나 철물점에서 쉽게 구입할 수 있는데 보통 개당 1만 5,000원 내외다. 필자가 모델하우스를 디자인할 때는 콘셉트가 모던인 경우가 대부분이었기 때문에 곡선이 들어간 것보다는 우측처럼 심플한 모양을 많이 사용했다. 하지만 손잡이를 만졌을 때의 느낌은 확실히 유선형이 좋다.

• 유선형 튜블러(좌), 일자형 튜블러(우) •

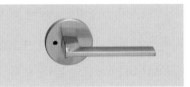

자료: 아린

모티스 타입은 얼핏 모양이나 형태가 튜블러와 비슷해 보인다. 하지만 모티스형은 잠금장치가 아래쪽에 별도로 있다.

• 모티스형 도어레버 •

자료: 아린

• 모티스(좌), 튜블러(우) •

요즈음 분양하는 아파트의 도어레버는 튜블러를 많이 사용하지만, 분양 경기가 한창 좋았던 10년 전만 하더라도 거의 모든 건설사가 모티스형을 사용했다. 모티스를 사용하는 가장 큰 이유는 제품이 주는 고급스러움 때문이다. 그래서 고급 타운하우스나 단독주택에서는 아직도 모티스를 많이 설치한다.

모티스가 모델하우스에서 빠지기 시작한 가장 큰 이유는 단가가 비싸기 때문이다. 튜블러와 비교했을 때 적게는 2배, 많게는 10배 이상 차이 나는 제품도 많다. 또한 모티스는 수입 제품이 많다 보니 호환이 되지 않아 A/S를 받기가 어렵고, 손잡이 때문에 문을 교체해야 하는 상황이 생기면서 찾는 사람들이 점점 줄어들게 됐다.

튜블러 손잡이 교체는 생각보다 어렵지 않다. 아니 쉽다는 표현이 맞다. 전동드릴 하나만 있으면 되는데, 전동드릴마저 없다면 드라이버로도 충분히 교체가 가능하다.

손잡이 교체를 위한 준비물은 다음과 같다.

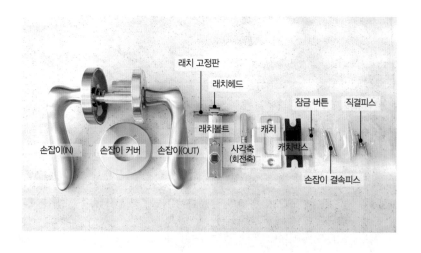

집값 높여도 잘 팔리는 부동산 인테리어

● 작업 순서

① 기존 손잡이를 철거한다.

〈손잡이 철거 순서〉

①~⑤ 손잡이 커버에 있는 직결피스 2개를 풀면 양쪽 손잡이가 모두 분리된다.

⑥~⑧ 직결피스를 풀어서 래치볼트를 분리한다.

⑨ 캐치를 분리한다(상태가 나쁘지 않으면 굳이 분리하지 않아도 된다).

② 손잡이(도어레버)를 교체한다.

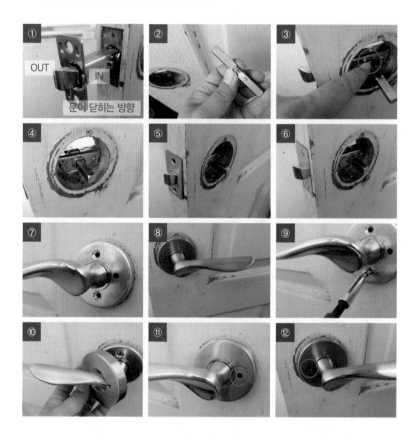

〈손잡이 교체 순서〉

① 래치볼트를 문짝의 홈에 끼운다. 이때 방향이 중요한데, 문이 닫히는 방향(IN)으로 래치헤드의 비스듬한 면이 향하도록 해야 한다.

②~④ 사각축을 래치볼트 홈에 끼운다. 이때 핀(빨간색 동그라미)을 누르면서 밀면 들어간다.

⑤~⑥ 래치볼트에 커버를 씌운 뒤 직결피스로 고정한다.

⑦~⑨ IN, OUT 손잡이를 양쪽으로 끼운 후 손잡이 결속피스로 고정한다.

⑩ 손잡이 커버를 씌운다.

⑪~⑫ IN, OUT 둘 중 필요한 곳에 잠금 버튼을 돌려서 설치한다.

집값 높여도 잘 팔리는 부동산 인테리어

PART 5

부동산 인테리어
실전 사례

필자는 인테리어에 관심은 있지만 어디서부터 손을 대야 할지 잘 알지 못하는 사람들을 대상으로 무료로 인테리어 컨설팅을 진행하는 이벤트를 진행했다. 이른바 '막퍼줘 프로젝트'다.

막퍼줘 프로젝트는 2017년 7월에 시작해서 2018년 10월까지 아파트, 다가구ㆍ다세대 주택 등 총 7세대를 컨설팅했고, 인테리어의 모든 과정을 신청자들이 직접 진행해서 놀라운 성과를 거두었다.

지금부터는 막퍼줘 프로젝트를 통해 진행된 부동산 인테리어 실전 사례를 알아보도록 하자.

30년 된 다가구 주택, 단돈 500만 원으로 대변신

> 준공년월: 1986년 5월
> 면   적: 27평(전용 18평)
> 구   분: 다가구 주택
> 구   조: 총 4세대(지하 2세대, 1층 1세대, 2층 1세대)

신청자는 우선 1층(24평)을 예쁘게 리모델링하고, 그 집을 기준으로 나머지 세대들을 똑같이 인테리어하고 싶어 했다.

집 외관만 봐도 연식이 느껴졌다. 집 내부를 살펴보니 벽·천장을 감싸고 있는 오래된 목재 루버가 가장 눈에 띄었고, 주방 가구와 욕실도 상태가 좋지 못했다. 벽지는 몇 번을 덧붙여 시공한 흔적이 있었는데, 그마저도 부실해 보였다.

인테리어를 할 때 가장 중요한 점은 그 집의 제일 큰 문제가 무엇인지 찾아내서 그에 대한 개선안, 즉 핵심 전략을 세우는 것이다. 이때 문제점은 하자가 될 수도 있고, 보기 싫은 마감이 될 수도 있다.

다가구 주택은 인테리어를 진행하기 전 중요하게 체크해야 할 부분이 있다. 바로 건물 자체의 하자를 진단하는 것이다.

인테리어를 소프트웨어라고 한다면 건축은 하드웨어다. 하드웨어가 부실하다면 소프트웨어가 아무리 좋아도 제 기능을 발휘하지 못한다.

· 막퍼줘 1호집 외부 모습 ·

· 막퍼줘 1호집 내부 모습 ·

집값 높여도 잘 팔리는 부동산 인테리어

이처럼 오래된 다가구 주택 또는 단독주택은 단열, 누수, 결로, 곰팡이, 크랙crack 등과 같은 건물의 하자를 더 꼼꼼히 살펴야 한다. 그리고 만약 본인이 감당하기 어렵다고 생각되면 주택의 매입 자체를 고려할 필요도 있다.

인테리어를 진행하기 위해서는 반드시 현장을 방문해서 공사 범위를 정확하게 정해야 한다. 그래야만 자재 사양(스펙)을 정하고, 예가 산출도 할 수 있기 때문이다.

다행히 1층 세대는 연식에 비해서 하자가 적은 편이었고 감당할 수 있는 수준이었다. 문제는 보기 싫은 마감재들이었다.

현관에 들어서자마자 신발장부터 거실 벽·천장의 목재 루버 때문에 너무 칙칙하고 어두워 보였다. 이 문제를 해결하지 않고서는 답이 없었다. 아무리 주방을 예쁘게 꾸미고 욕실을 그럴싸하게 변신시켜도 이 부분이 개선되지 않고서는 호박에 줄 긋는 것밖에 되지 않는다. 문제가 파악됐으면 해결책을 찾아야 한다. 목재 루버를 어떻게 하는 게 좋을까?

단독 혹은 다가구 주택을 리모델링할 때는 골조만 남기고 모조리 철거하는 게 일반적이다. 기존 마감재를 살려서 사용할 만한 게 없기 때문이다. 하지만 그렇게 하기에는 비용이 너무 많이 든다.

칙칙한 목재 루버를 깔끔하게 변신시키고 물리적으로 좁은 공간을 넓어 보이게 하는 방법은 바로 화이트 도장으로 전체를 페인팅하는 것이다. 거실 천장의 돌출된 부분과 루버들의 모양, 그리고 문짝의 쫄대 등이 모두 화이트 컬러로 페인팅 됐을 때 심심하지 않고 오히려 재밌게 연출될 수 있다.

거실과 연결되어 있는 주방 가구도 상·하부장을 화이트로 심플하게 계획하는 것으로 전체 그림을 그린 다음, 도배 → 주방 → 욕실 순으로 추가적인 공사 범위를 정했다.

해당 공정별 사양을 결정하고 예가를 산출한 뒤 가용한 공사비와 비교해서 예산을 초과하는 공사는 사양을 낮추고, 덜 중요한 공정은 제외하는 방법으로 금액을 맞추었다.

그렇게 막퍼줘 1호집의 핵심 전략인 거실·현관 화이트 도장을 비롯해 도배, 바닥 장판, 주방 싱크대, 욕실 전체, 조명(콘센트/스위치), 기타(현관 방화문, 도어레버, 디지털 도어락) 공사가 결정됐다. 이어서 업체들을 직접 방문해서 전체적인 콘셉트와 컬러 밸런스를 고려해 마감재를 선정하면서 계획했던 공정표대로 공사가 가능한지 일정을 조율했다.

그 결과, 다음과 같은 결과물을 얻을 수 있었다.

현관문을 열고 들어서면 1호집의 가장 큰 문제였던 목재 루버를 화이트 도장으로 깔끔하게 변화시켰고, 바닥 장판도 밝지만 가볍지 않은 컬러를 선택해 전체적으로 경쾌한 느낌을 주도록 했다. 또 거실과 주방이 같이 있기 때문에 싱크대 상·하부장을 무광택 화이트 컬러로 마감해서 공간을 넓어 보이게 하고, 상판과 매입 손잡이만 블랙 컬러로 마감해서 포인트를 주었다.

욕실도 벽체는 밝게 하는 대신 바닥은 조금 짙은 타일을 선택해서 안정감을 주었다. 조명(LED)과 콘센트 및 스위치도 모두 변경했는데, 한 가지 아쉬운 점은 거실등이었다.

울퉁불퉁한 천장을 철거하고 다시 반듯하게 시공한 뒤 침실등과 같은 일반적인 사각등(모서리가 둥근 등)을 설치하고 싶었으나 예산 부족으로 천장 공사를 할 수 없었다. 궁여지책으로 기존 천장에 맞는 등을 고르다 보니 필자가 선호하는 디자인이 아닌 다른 제품을 선택하게 됐다.

막퍼줘 프로젝트를 진행하기 전, 신청자가 몇 군데 인테리어 업체에 견적을 물어보았을 때 가장 싼 가격이 2,260만 원이었다. 그런데 최종 공사 비용으로 756만 원이 들었다. 1/3 수준으로 비용을 줄인 것이다.

이게 가능할 수 있었던 이유는 명확한 공사 범위를 선정한 다음 해당 공정의 자재 사양을 구체적으로 정한 뒤 예가를 산출하고, 예산 범위 내에서 손품과 발품을 통해 계속 경쟁력 있는 업체를 찾아냈기 때문이다.

누구라도 할 수 있는 공사이며 가능한 금액이다. 용기를 가지고 도전해 보자.

집값 높여도 잘 팔리는 부동산 인테리어

(단위: 원)

공종		사양	예산	집행
수장 공사	도배지	소폭 합지(+부직포)	650,000	530,000
	장판	모노륨 2.4T	1,000,000	820,000
주방 가구	가구 표면재	PET	1,200,000	980,000
	상판	PT Post Forming Table		
	싱크 수전	벽 수전 사용(단순 교체)		
	가전기기	슬라이딩 레인지 후드, 쿡탑 x		
욕실 공사		욕조 철거 및 덧방 시공	2,300,000	1,880,000
도장 공사		거실(벽·천장), 발코니, 문짝, 몰딩, 걸레받이	2,000,000	1,640,000
조명 공사	각 실 등	10~150W	650,000	530,000
	스위치/콘센트	1~4구, 전화·인터넷·CATV 포함		
기타 공사	현관 방화문	편개 도어(1,100×2,100)	1,200,000	980,000
	도어레버	튜블러 타입(4EA)	100,000	80,000
	디지털 도어락	게이트맨	150,000	120,000
합계			9,250,000	7,560,000

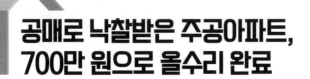

공매로 낙찰받은 주공아파트, 700만 원으로 올수리 완료

준공년월:	1987년 7월
면 적:	22평(전용 16평)
구 분:	복도식 아파트

이번에는 30년 넘은 아파트였다. 이 집은 세월의 흔적이 곳곳에 묻어 있었다.

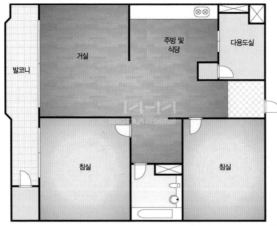

• 막퍼줘 4호집 평면도 •

자료: 네이버 부동산

집값 높여도 잘 팔리는 부동산 인테리어

· 막퍼줘 4호집 공사 전 내부 모습 ·

　연식이 오래된 주택을 점검할 때는 항상 하자부터 체크해야 한다. 이것은 아무리 강조해도 지나침이 없다. 4호집의 경우, 발코니 천장에 눈에 띄는 하자가 있었다. 곰팡이가 핀 것이다.

곰팡이가 발생하는 원인은 크게 2가지다.

· 결로에 의한 곰팡이

· 누수에 의한 곰팡이

우선 결로(부실한 단열로 인해 발생)가 원인인 경우에는 벽과 천장에 시커먼 곰팡이가 전반적으로 넓게 발생한다는 특징이 있다. 하지만 4호집은 곰팡이가 새시 주변에 집중적으로 생성됐기 때문에 빗물이 실내로 유입되면서 발생한 누수가 원인인 것으로 추측할 수 있다.

이런 경우는 대개 노후화된 새시가 제 기능을 하지 못해서 생기는 문제로, 해결책은 새시를 새것으로 교체하고 새시와 외벽이 만나는 부위의 틈새 내·외부를 꼼꼼히 사춤(틈을 메워 주는 것)한 후 실리콘으로 마감하는 것이다.

만약 예산이 부족하다면 최소한 실리콘 작업만이라도 다시 해야 한다.

하자를 우선적으로 해결한 다음에는 이 집의 가치를 올려 줄 핵심 전략을 찾아야 한다. 이 또한 현장에서 답을 얻을 수 있다. 다시한번 살펴보자.

• 거실과 주방을 가로 막은 벽체 •

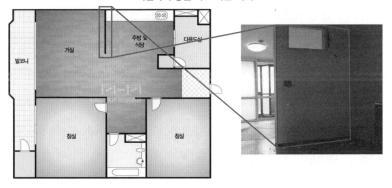

4호집의 가장 큰 문제는 거실과 주방 사이에 있는 벽체였다.

소형 주택에서 가장 신경 써야 할 점은 공간을 넓어 보이도록 하는 것이다. 가구를 심플하게 배치하고 마감재를 밝게 연출하는 것도 모두 그 때문이다.

그런데 벽체가 가로막고 있으면 너무 답답해 보인다. 게다가 채광을 막고 있는 꼴이라 대낮에 거실등을 켰음에도 불구하고 주방등을 켜지 않으면 어둡다. 거실과 주방 사이의 벽체만 철거해도 상품 가치가 훨씬 좋아질 것이다. 따라서 벽체를 철거할 수 있느냐가 핵심이다.

벽체에는 내력벽과 비非내력벽 2가지 종류가 있다.

이 중 내력벽은 건물의 하중을 받치는 골조로, 철거나 변경이 불가하며 이를 행하면 불법행위가 되어 벌금이나 처벌이 가해진다. 하지만 비내력벽은 다르다.

비내력벽이란 말 그대로 하중을 받치는 골조가 아닌, 칸막이벽이기 때문에 얼마든지 철거가 가능하다. 문제는 해당 벽체가 비내력벽인지 아닌지를 어떻게 확인하느냐는 것인데, 해당 벽체는 2가지 이유로 비내력벽이다.

우선 벽체 위쪽으로 개구부(벽이나 지붕, 바닥 등에 뚫린 구멍)가 있다. 기본적으로 실내 내력벽은 개구부를 만들지 않는다. 하중을 제대로 받칠 수 없을 뿐만 아니라 아래로도 전달할 수 없는 구조이기 때문이다.

두 번째 단서는 스위치 옆 뜯어진 석고보드 사이로 보이는 시멘트 벽돌이다. 그것도 세워서 한 장씩만 쌓은 형태인데, 이런 경우 철기해도 상관없는 비내력 벽체다.

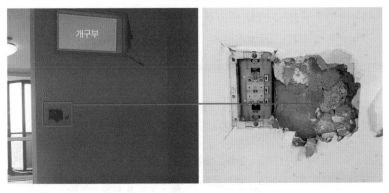

이 벽체만 철거했을 뿐인데도 엄청나게 넓어지고 밝아졌다. 참고로 벽체를 철거하고 있을 때 4호집을 본 이웃 주민이 단순히 저 벽을 철거했다는 이유만으로도 계약을 하고 싶어 했다. 공사도 끝나기 전에 임차인이 맞춰진 것이다.

· 비내력 벽체 철거 전·후 ·

소형 주택의 경우 콘셉트는 심플한 모던으로, 컬러 밸런스는 전체적으로 화이트하게 연출하는 것이 좋다. 그래서 다음과 같이 마감재를 선정했다.

- 주방 가구 상·하부장: 화이트(우유빛) 무광택 PET
- 주방 가구 상판: 그레이 인조대리석
- 현관 바닥타일: 아이보리 포세린 타일(600mm×600mm)
- 거실·침실 벽지: 소폭 합지
- 바닥 장판: 1.8T 모노륨
- 발코니 타일: 아이보리 무광 타일(150mm×400mm)
- LED 조명: 심플한 사각 등(모서리 원형)

· 막퍼줘 4호집 마감재 선정 ·

집값 높여도 잘 팔리는 부동산 인테리어

그리고 공정표를 짜서 공사를 진행했다.

· 막퍼줘 4호집 진행 공정표 ·

공정	내용	일정	날짜	비고
철거	가구, 가벽, 방문턱, 다용도실 문틀	1일	5.9(수)	오후부터 작업 개시
PL 창호(새시)	앞 발코니 새시 시공	0.5일		철거와 동시 진행
도장	앞·뒤 발코니, 문짝(4EA)	1일	5.10(목)	욕실 거울, 욕실장 설치
셀프 인테리어	욕실 타일 페인팅	1일		
가구	주방 가구, 신발장	1일	5.11(금)	미드웨이 타일 줄눈 보수제 셀프 시공
수장	도배, 장판	1일		
조명	등 기구 설치, 콘센트/스위치	1일	5.12(토)	천장 도배 선 시공
기타	입주 청소	1일	5.13(일)	폐자재 반출

실제 공사를 할 때는 앞서 2장에서 언급했던 20평형대 아파트의 대표적인 사례인 DMC롯데캐슬더퍼스의 모델하우스를 공간별로 동일하게 벤치마킹했다.

주방

상·하부장을 화이트 톤의 무광택으로 마감하고, 상판은 그레이 컬러로 계획해서 공간을 넓고 밝아 보이도록 연출했다.

① 매입 손잡이는 니켈크롬 컬러로 포인트를 줬고, ② 상부장과 레인지 후드 끝 라인을 맞춰 심플하게 처리했다. ③ LED T5(15W)로 상부장 조명을 별도로 설치했는데, 가격 대비 효과가 좋다.

• 막퍼줘 4호집 모델하우스 벤치마킹 사례: 주방 •

현관

신발장은 주방 가구와 동일한 화이트 톤의 무광택 PET로 마감했다. 손잡이도 같은 니켈크롬으로 계획해서 디자인 아이덴티티를 줬고, 일상적으로 사용하는 신발을 놓아둘 수 있도록 신발장 하부를 띄워서 시공했다.

현관 바닥은 낙상 사고를 예방하기 위해 포세린 타일을 적용했고, 넓어 보일 수 있도록 600mm×600mm 사이즈의 밝은 타일을 사용했다. 현관문을 열고 들어올 때 가장 많이 보이는 곳에서 S/P를 시작하면 된다.

집값 높여도 잘 팔리는 부동산 인테리어

· 막퍼줘 4호집 모델하우스 벤치마킹 사례: 현관 ·

거실 및 침실

아트월이나 포인트벽을 별도로 계획하지 않았기 때문에 벽지는 무지 계열의 화이트로 벽과 천장을 모두 마감했다.

바닥은 이다메 패턴이 많지 않은 메이플 장판을 선택해서 전체적으로 공간이 넓고 밝아 보이도록 연출했다.

· 막퍼줘 4호집 모델하우스 벤치마킹 사례: 거실 및 침실 ·

만약 거실과 침실의 마감재가 다른 경우라면, 두 마감재를 같이 놓고 비교하면서 최대한 비슷한 느낌으로 계획하는 게 좋다.

• 마루와 장판을 혼용해서 사용할 경우 •

침실: 장판

거실: 강마루

장판을 깔 때는 마루 패턴의 긴 면을 복도 쪽으로 해야 하고, 발코니 타일의 방향 역시 긴 면을 장 방향으로 붙여야 공간이 넓어 보인다. 또한 신발장에는 우산 보관함이 있어야 깔끔하게 수납할 수 있다.

장판 패턴 방향: 복도 쪽

발코니 타일 방향: 장 방향

신발장 우산 보관함 계획

집값 높여도 잘 팔리는 부동산 인테리어

욕실

욕실은 셀프 인테리어로 타일 페인팅 작업 후 거울, 욕실장, 액세서리만 변경해 주었다.

· 욕실 공사 셀프 인테리어 세부 내역 ·

(단위: 원)

구분	금액
페인트 및 부자재	200,000
3mm 은경(거울)	45,000
여닫이 욕실장	70,000
액세서리(수건·휴지걸이+컵·비누받침)	55,000
합계	370,000

이렇게 해서 욕실 셀프 페인트와 입주 청소까지 5일 만에 막퍼줘 4호집의 모든 공사를 완료했다.

· 막퍼줘 4호집 공사 후 내부 모습 ·

총 공사비는 790만 원이 들었다(새시를 제외하면 590만 원이 소요된 셈이다).

• 막퍼줘 4호집 예산과 실제 공사 비용 •

(단위: 원)

공종		사양	예산	집행
수장 공사	도배지	소폭 합지(+부직포)	650,000	590,000
	장판	모노륨 1.8T	550,000	500,000
주방 가구	가구 표면재	PET	1,500,000	1,380,000
	상판	PT Post Forming Table		
	싱크 수전	벽 수전 사용(단순 교체)		
	가전기기	슬라이딩 레인지 후드, 쿡탑 X		
일반 가구	신발장	PET(우산꽂이 포함)	500,000	460,000
욕실 공사		타일 덧방 및 올수리	–	370,000
창호(새시) 공사		16mm 단창(복층유리)	2,200,000	2,020,000
도장 공사		앞 · 뒤 발코니, 문짝	850,000	780,000
조명 공사	각 실 등	10~150W	650,000	590,000
	스위치/콘센트	1~4구, 전화 · 인터넷 · CATV 포함		
철거 공사		주방 벽체, 방문 하부틀 2EA, 다용도실 문	750,000	690,000
기타 공사	조명 신설	주방 식탁등 추가 배선	90,000	80,000
	유리 교체	비확장 발코니 새시 유리 교체(4EA)	150,000	130,000
	선반/소품	이케아/쇼핑몰 구입	120,000	110,000
	폐기물 처리	1톤 폐기물 처리 비용+인건비	250,000	230,000
합계			8,260,000	7,930,000

집값 높여도 잘 팔리는 부동산 인테리어

생애 첫 내 집,
4,000만 원 견적을 반값에 해결

> 준공년월: 1999년 5월
> 면   적: 26평(전용 18평)
> 구   분: 복도식 아파트

막퍼줘 프로젝트 7호집은 경매를 통해 생애 처음으로 내 집 마련에 성공한 전업주부의 집이었다.

20년 정도 된 구축 아파트로 곰팡이를 비롯한 하자는 발견되지 않았지만 새시, 싱크대, 욕실 등 내부 인테리어는 막퍼줘 4호집과 크게 다르지 않았다.

· 막퍼줘 7호집 평면도 ·

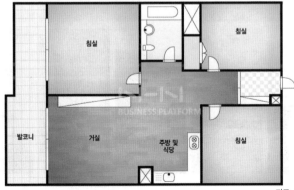

자료: 네이버 부동산

· 막퍼줘 7호집 인테리어 전 내부 모습 ·

집값 높여도 잘 팔리는 부동산 인테리어

먼저 다음과 같이 공사 범위를 정했다.

현관

- 바닥: 타일 덧방 시공
- 벽, 천장: 실크 벽지 시공
- 현관문: 필름 리폼 + 철물 전체 교체(도어 스토퍼, 클로저, 걸쇠, 고무패킹)
- 기존 신발장 철거 후 재시공
- 조명 및 도어락 교체
- 가스관 철거

거실/복도

- 바닥: 강마루 시공 + 친환경 독일 수입 접착제 사용
- 벽, 천장: 실크 벽지 시공
- 내부 발코니 새시 교체
- 조명 교체: 천장 조명, 벽 조명(비상등)
- 인터폰, 스피커 커버, 콘센트/스위치 커버: 전체 교체

주방

- 바닥: 강마루 시공 + 친환경 독일 수입 접착제 사용
- 벽, 천장: 실크 벽지 시공
- 미드웨이 타일 덧방 시공
- 기존 싱크대 철거 및 재설치, 아일랜드 및 냉장고장 추가 신설
- 아일랜드 상부 펜던트 조명 추가 신설
- 가스관 철거
- 조명 교체 및 펜던트 신설
- 콘센트/스위치 커버: 전체 교체

집값 높여도 잘 팔리는 부동산 인테리어

침실

- 바닥: 강마루 + 친환경 독일 수입 접착제 사용
- 벽, 천장: 부직포 시공 + 광폭 합지
- 내부 새시 필름 리폼
- 방문 교체(문틀 필름 리폼 + 문짝 교체) + 도어레버(푸시풀) 교체
- 드레스룸 벽장 문 리폼(내부 철거 후 벽지 마감)
- 조명, 콘센트/스위치 커버: 교체

욕실

- 바닥, 벽: 타일 덧방 시공
- 천장: 기존 천장 철거 후 ABS 설치(LED 다운라이트 2EA 포함)
- 욕실 도어(문틀+문짝) 전체 철거 및 교체(ABS 도어)
- 욕조 철거(완결 방수) 후 샤워 파티션 설치
- 도기, 수전, 액세서리 철거 후 교체
- 욕실장(거울 포함) 및 세면대 하부장 설치
- 벽부형 라디에이터 철거 및 타일 마감
- 환풍기 천장 매립형 설치

벽부형 라디에이터

발코니

- 바닥: 타일 철거(거실 쪽, 단차 발생) 및 재시공 + 타일 덧방(안방 쪽)
- 벽, 천장: 친환경 곰팡이·결로 방지 수성 페인트 시공
- 외부 발코니 새시: 기존 알루미늄 새시 철거 및 교체(24mm 복층유리 단창/KCC)
- 발코니 붙박이수납장 신설
- 기존 빨래건조대 철거 후 고정형 파이프형 행거 설치
- 조명, 수전, 청소건: 교체

집값 높여도 잘 팔리는 부동산 인테리어

모델하우스 사례를 그대로 벤치마킹하면서 콘셉트는 소형 주택이 언제나 그렇듯 모던으로 정했다. 하지만 단순히 밝기만 한 화이트가 아닌, 블랙 컬러로 포인트를 줄 수 있도록 계획했다. 공간의 요소요소에 블랙과 그레이 계열의 마감재를 첨가한 것이다. 특히 욕실의 경우, 수전 및 액세서리까지 모두 블랙으로 마감하면서 심플하면서도 감각적인 디자인을 연출했다.

마감재는 다음과 같은 사양으로 선정했다.

- 주방 가구 상부장: 화이트(우유빛) 무광택 PET
- 주방 가구 하부장: 다크그레이 무광택 PET
- 주방 가구 상판: 화이트 인조대리석
- 주방벽(미드웨이) 타일: 비앙코 패턴(70mm×300mm)
- 현관 바닥타일: 그레이 포세린(대리석 패턴) 타일(600mm×600mm)
- 욕실 벽타일: 비앙코 패턴(300mm×600mm)
- 욕실 바닥타일: 논슬립 타일(300mm×300mm)
- 발코니 타일: 아이보리 무광 타일(150mm×400mm)
- 거실 벽지: 실크 벽지

- 침실 벽지: 광폭 합지
- MAIN 필름: 그레이 무광택
- 바닥 마루: 미끄럼 방지 강마루(메이플/소프트화이트)
- LED 조명: 슬림 LED 평판등

· 막퍼줘 7호집의 마감재 선정 ·

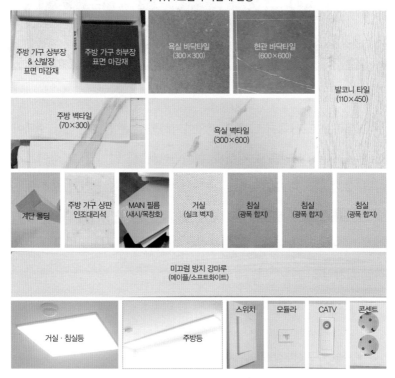

다음으로 공정표를 만들었다.

집값 높여도 잘 팔리는 부동산 인테리어

• 막퍼줘 7호집 진행 공정표 •

공정	내용	일정	날짜	비고
철거	가구, 욕실, 문짝, 몰딩, 문틀	1일	5.25(금)	오후부터 작업 개시
PL 창호(새시)	내·외부 발코니 새시 시공	0.5일		철거와 동시 진행
목공/목창호	몰딩, 문틀/문짝	1일	5.28(월)	필름 시공 포함
타일	욕실 벽·바닥	1일		벽타일 선 시공
	주방, 벽, 현관 발코니 바닥	1일	5.29(화)	ABS 천장 시공
설비	도기, 수전, 액세서리, 샤워 파티션	1일		욕실 거울, 욕실장 설치
도장	앞 발코니	1일	5.30(수)	부자재 별도 구입
가구	주방 가구, 신발장, 발코니 붙박이장	1일	5.31(목)	주방 가구 선 시공
마루	전 실 바닥 강마루	1일	6.1(금)	친환경 본드 별도 구입
수장	도배, 장판	1일	6.2(토)	천장 도배 선 시공
조명	등 기구 및 콘센트, 스위치	1일		
기타	입주 청소	1일	6.3(일)	폐자재 반출

당초 공정을 이렇게 잡았으나 작업이 진행되면서 일정이 수시로 바뀌었고, 그때마다 다음 공사 일정에 맞춰 유연하게 대처해 나갔다.

현장 관리는 작업 지시도 중요하지만, 펑크 나지 않고 공사가 얼마나 매끄럽게 잘 굴러가느냐가 더 중요하다. 잘못한 작업은 수정하면 되지만, 작업자가 없으면 공사 자체를 진행할 수 없기 때문이다. 그런 의미에서 보면 7호집 신청자는 임무를 잘 수행한 편이다.

참고로 공간별 인테리어는 다음과 같이 진행했다.

현관

전체적으로 밝은 화이트 톤에 현관 바닥, 침실 도어, 현관문은 그레이쉬한 느낌으로 연출했다.

마감재 및 사양

- 바닥: 대리석 패턴 수입 타일
- 벽, 천장: 전체 실크 벽지
- 신발장: PET 화이트 무광택 + 유리 도어 + 손잡이 니켈크롬
- 현관문: 3M 필름, 철물 교체(도어 스토퍼, 클로저, 걸쇠, 고무패킹)
- 조명, 디지털 도어락: 교체

집값 높여도 잘 팔리는 부동산 인테리어

거실/복도

화이트 실크 벽지와 메이플 강마루로 마감하고, 걸레받이를 강마루 컬러와 매칭해서 바닥이 넓어 보이도록 했다. 또한 조명은 슬림 LED 평판등을 사용해서 매입등과 같은 효과를 주었다.

마감재 및 사양
- 바닥: 미끄럼 방지 강마루 메이플/소프트화이트
- 벽, 천장: 전체 실크 벽지
- 내부 발코니 새시: 24mm 복층유리 단창 교체(자동 잠금장치 손잡이)
- 조명, 콘센트·스위치 커버, 비상등, 인터폰, 스피커 커버: 교체

주방

상부장은 화이트, 하부장은 그레이 컬러를 사용해서 공간을 안정감 있게 연출했다. 미드웨이 타일은 인조대리석 상판과 화이트로 매칭해서 넓어 보이도록 계획했는데, 패턴이 자연스러운 비앙코 계열의 타일을 사용해서 고급스럽다.

주방등도 거실과 마찬가지로 슬림 LED 평판등을 사용했고, 펜던트와 싱크 수전의 컬러를 하부장 컬러와 매칭시키면서 전체적인 컬러 아이덴티티를 가지도록 했다.

마감재 및 사양
- 벽타일: 비앙코 패턴 70mm×300mm
- 싱크대, 아일랜드장, 냉장고장: PET화이트/그레이 무광택 + 손잡이 니켈크롬
- 수전, 펜던트: 교체
- 천장 조명, 콘센트 커버: 교체

집값 높여도 잘 팔리는 부동산 인테리어

침실

침실 내부 벽지를 그레이 컬러로 포인트를 줬고, 문선과 내부 새시의 필름을 같은 계열로 매칭시켰다. 특히 문선의 상부에 란마를 조성해서 고급스럽게 계획하고, 침실등은 슬림 LED 평판등을 사용했다.

마감재 및 사양
- 바닥: 미끄럼 방지 강마루 메이플/소프트화이트
- 벽, 천장: 방 3개 전체 광폭 합지(부직포 시공)
- 도어 손잡이, 조명, 콘센트·스위치 커버: 교체

상부 란마 조성

욕실

블랙 앤 화이트 콘셉트를 가장 잘 표현한 공간으로, 벽체는 주방과 같은 비앙코 계열의 타일을 적용해서 밝게 연출하고 욕실장을 비롯해 수전과 액세서리까지 블랙으로 포인트를 줬다. 심지어 샤워 파티션과 거울의 엣지 프레임까지 블랙으로 마감했다. 바닥은 논슬립 타일을 적용했다.

마감재 및 사양

- 벽: 비앙코 무광 300×600mm
- 바닥: 논슬립 포세린 타일 300×300mm
- 천장: ABS 평천장/LED 6" 다운라이트 2EA 매입
- 2단 플랩 상부장, 세면대 일체형 하부 수납장: UNDER형 세면볼 + 하부 수납 세트장
- 샤워 파티션: 12mm 블랙 메탈 프레임 + 8t 강화유리

- 거울: 블랙 메탈 프레임. 600×800×D15mm
- 수전, 샤워 수전, 액세서리: 교체

발코니

낡고 노후화된 알루미늄 새시를 PL 창호(새시)로 교체했다. 화이트 도장으로 전체를 페인팅하고, 발코니장은 주방 가구 상부장 및 신발장과 동일한 화이트 PET 무광으로 통일했다.

또 바닥타일은 밝게 마감하면서 가로가 긴 타일(110×450mm)을 적용해 발코니가 넓고 깊어 보이게 계획했다.

마감재 및 사양

- 바닥: 우드타일 110×450mm
- 벽, 천장: 친환경 곰팡이·결로 방지 수성 페인트
- 외부 발코니 섀시: 24mm 복층유리 단창 교체(자동 잠금장치 손잡이)
- 발코니 붙박이장: PET 화이트 무광 + 손잡이 니켈크롬
- 빨래건조대: 고정형 파이프 행거
- 조명, 수도꼭지, 청소건: 교체

이로써 막퍼줘 7호집의 최종 공사액은 2,100만 원이 들었다. 당초 인테리어 업체의 견적은 4,100만 원이었기에 대략 2,000만 원 정도 비용을 절감한 것이다. 만약 해당 업체에서 공사를 진행했다면 디자인 변경으로 최소 300만~400만 원은 추가로 들지 않았을까 생각한다.

• 막퍼줘 7호집 예산과 실제 공사 비용 •

(단위: 원)

공종		사양	예산	집행
수장 공사	도배지	실크 벽지+광폭 합지(침실)	1,900,000	1,800,000
주방 가구	가구 표면재	본주방+아일랜드 추가	3,000,000	2,850,000
	상판	인조대리석		
	싱크 수전	입 수전 교체		
	가전기기	슬라이딩 레인지 후드	180,000	170,000
		전기 쿡탑	600,000	570,000
일반 가구	신발장	PET(우산꽂이 포함)	500,000	470,000
	발코니장	내부 선반 포함	400,000	380,000
욕실 공사+타일 공사		욕실 올수리+주방벽+현관 · 발코니 바닥	3,800,000	3,610,000
창호(새시) 공사		외부+거실(24mm 복층유리)	4,000,000	3,800,000
목공/목창호 공사		도어 4개+천장 몰딩	1,500,000	1,420,000
필름 공사		문틀+벽장 도어+침실 새시+몰딩+현관 방화문	700,000	660,000
도장 공사		앞 · 뒤 발코니+현관 방화문	900,000	850,000
조명 공사	각 실 등	10~150W	2,800,000	2,660,000
	스위치/콘센트	1~4구, 전화 · 인터넷 · CATV 포함		
철거 공사		가구+욕실(천장 포함)+몰딩,걸레받이, 장판+방문 4개	900,000	850,000
		가스관	200,000	190,000
기타 공사	현관문 부자재	도어 스토퍼, 클로저, 걸쇠, 고무패킹	45,000	40,000
	빨래건조대	천장 파이프형 행거	300,000	280,000
	E/V 보양	하프 보양	150,000	140,000
	E/V 사용료	관리 사무소 납부	220,000	200,000
	폐기물 처리	1톤 폐기물 처리 비용+인건비	300,000	280,000
합계			22,395,000	21,220,000

집값 높여도 잘 팔리는
부동산 인테리어

초 판 1쇄 발행 2018년 11월 30일
초 판 12쇄 발행 2022년 4월 15일
개정판 1쇄 발행 2025년 1월 22일

지은이 남경엽

펴낸이 김연홍
펴낸곳 아라크네

출판등록 1999년 10월 12일 제2-2945호
주소 서울시 마포구 성미산로 187 아라크네빌딩 5층(연남동)
전화 02-334-3887   팩스 02-334-2068

ISBN 979-11-5774-772-6 03320